工业和信息化普通高等教育
"十四五"规划教材立项项目

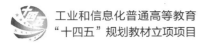

高等院校
**市场
营销**
新 形 态
系列教材

U0589565

搜索引擎营销与推广

理论、案例与实训

微课版

白璇／主编

李莉 陈方昕 高伟籍／编著

M ARKETING
M ANAGEMENT

人民邮电出版社
北 京

图书在版编目（ＣＩＰ）数据

搜索引擎营销与推广：理论、案例与实训：微课版/
白璇主编；李莉，陈方昕，高伟籍编著. -- 北京：人
民邮电出版社，2024.1（2024.7重印）
高等院校市场营销新形态系列教材
ISBN 978-7-115-62618-9

Ⅰ．①搜… Ⅱ．①白… ②李… ③陈… ④高… Ⅲ.
①网络营销－高等学校－教材 Ⅳ．①F713.365.2

中国国家版本馆CIP数据核字(2023)第169001号

内 容 提 要

随着互联网的不断发展，搜索引擎成为人们获取信息的重要途径，搜索引擎营销也成为企业常用的网络营销方式之一。本书依据搜索引擎营销岗位的基本技能要求，系统讲解搜索引擎营销的相关内容，主要包括 SEO 基础、SEO 前期准备、优化网站关键词、优化网站结构、优化网站页面、优化网站链接、SEO 数据监测与分析、优化移动端网站、使用 SEM 进行网站推广、SEO+SEM 综合实战等内容。

本书采用项目-任务式结构，将项目划分为多个具体任务，通过任务串联理论和实践，实现理论和实践的紧密结合，帮助读者更全面地掌握搜索引擎营销与推广的相关知识和操作。

本书可作为电子商务、市场营销等相关专业网络营销课程的教材，也可作为从事网络营销与推广工作的相关人士的参考书。

◆ 主　编　白　璇

　　编　著　李　莉　陈方昕　高伟籍

　　责任编辑　孙燕燕

　　责任印制　李　东　胡　南

◆ 人民邮电出版社出版发行　　北京市丰台区成寿寺路 11 号

　　邮编　100164　　电子邮件　315@ptpress.com.cn

　　网址　https://www.ptpress.com.cn

　　大厂回族自治县聚鑫印刷有限责任公司印刷

◆ 开本：700×1000　1/16

　　印张：13　　　　　　　　　2024 年 1 月第 1 版

　　字数：292 千字　　　　　　2024 年 7 月河北第 3 次印刷

定价：52.00 元

读者服务热线：(010)81055256　印装质量热线：(010)81055316
反盗版热线：(010)81055315
广告经营许可证：京东市监广登字 20170147 号

前言
PREFACE

随着搜索引擎技术的不断发展，企业的市场营销也逐渐摆脱了传统的以广播、电视、报纸为主媒介的营销方式，转而使用搜索引擎开展营销，并将其作为企业综合营销战略中不可或缺的重要部分。当然，搜索引擎环境下企业的市场营销与推广也面临着新的机遇与挑战，企业要想获得新机遇，谋求新发展，就需要培养"下得去、留得住、用得好"的搜索引擎营销与推广人才，这也是高校电子商务和市场营销等相关专业人才培养的一个重要方向。同时，党的二十大报告也明确提出："必须坚持科技是第一生产力、人才是第一资源、创新是第一动力，深入实施科教兴国战略、人才强国战略、创新驱动发展战略，开辟发展新领域新赛道，不断塑造发展新动能新优势。"为了适应日新月异的搜索引擎营销环境，落实国家发展战略方针，培育精准对接市场需求的营销人才，编者特地编写了本书。

本书具有以下特点。

1．项目组建，任务分解

本书采用项目-任务式结构，按项目将知识点拆分为一个个任务，且同一项目下的每个任务之间相互关联，每个任务都先讲解基础理论知识，再从企业的实际营销与推广需求出发，给出具体的营销与推广方案和操作，化繁为简、层层深入，一步步引导读者循序开展和完成任务，从而提升读者的知识理解能力和实际动手能力。

2．情景贯通，专项实训

本书根据营销与推广的实际情况，为每个项目设定了营销情景，通过情景的发展推动任务的开展，将抽象的理论运用到具体实践中，让读者能够在真实的营销情景中理解和学习知识，从而提升自身的实际操作能力，真正做到"将知识化为己用"。

同时，本书在每个项目（项目十除外）末尾设置了"课堂实训"，内容包括认识搜索引擎搜索结果的各种展示方式、优化移动端网站等，涉及搜索引擎营销与推广的方方面面，具有很强的实操性和参考性。

3．素养与能力并重

在素养方面，本书每个项目的首页均设置了"素养目标"板块，正文中设置了"职业素养"板块，融入了前沿知识、文化传承、职业道德等元素。同时，本书紧跟时代发展的步伐，深入贯彻党的二十大精神，在设置"职业素养""实训背景"等板块的内容时，融入党的二十大精神，如中国式现代化等。

在能力方面，本书在讲解搜索引擎营销与推广理论知识的同时穿插实际操作，如优化网站关键词、优化网站结构、优化移动端网站等，还通过课堂实训、课后练习等方式强化读者对知识的理解与掌握，培养专业技能人才。

4．配套资源丰富

本书讲解的实际操作大都提供有演示视频，读者扫描相应的二维码即可直接观看，以加深理解。此外，本书还提供精美PPT课件、参考答案、教学大纲、电子教案、模拟题库等资源，用书教师可自行通过人邮教育社区（www. ryjiaoyu.com）免费下载。

在编写本书的过程中，编者参考了搜索引擎营销与推广方面的同类书籍和相关资料，在此谨向这些书籍和资料的作者致以诚挚的谢意。

本书由白璇担任主编，李莉、陈方昕、高伟籍编著。由于编者水平有限，书中难免存在不足之处，欢迎广大读者、专家批评指正。

编 者

2023年8月

目录
CONTENTS

SEO基础

项目背景

第50次《中国互联网络发展状况统计报告》显示，截至2022年6月，我国搜索引擎用户规模达8.21亿，占网民整体的78.2%，说明绝大多数用户把搜索引擎作为在互联网上获取信息的主要方式。企业通过对网站进行搜索引擎优化（Search Engine Optimization，SEO），使其网站排名更靠前，以获得更多的互联网流量，最终获得更多用户。本项目将以佳美馨装饰网针对SEO员工的培训为例，系统介绍SEO的基础知识。

知识目标

- 熟悉SEO的定义、作用、应用领域、常用术语和基本步骤等。
- 熟悉搜索引擎的定义、发展史、类型等。

技能目标

- 能够使用搜索引擎搜索所需的资料。
- 能够使用搜索指令实现更多的搜索目的。

素养目标

- 遵守法律法规，不发布虚假信息。
- 保持好奇心，培养热爱学习、热爱思考、积极动手的良好习惯。

任务一 认识SEO

佳美馨装饰网是一个家装设计网站，其业务涉及装修设计、房屋装修、装修建材供应、家居产品销售等多个领域。为了使网站在搜索引擎中获得更高的排名，佳美馨装饰网决定对网站进行SEO，并为此专门招聘了一批新的SEO人员。在招聘过程中，佳美馨装饰网发现部分人员对SEO的认知很模糊，于是，佳美馨装饰网在完成招聘工作后，首先开展了关于SEO的主题培训。

一、SEO的定义和作用

SEO是指为了提升网页在搜索引擎中的收录数量，以及在搜索结果中的排名而做的优化行为，其目的是从搜索引擎中获得更多的免费流量。

SEO虽然不会直接给网站带来收益，但可以为网站带来大量稳定的流量，当用户在网站中消费后就能产生直接的经济收益。SEO的作用主要有以下3点。

- **提升关键词排名：** 通过优化网站内容、结构、代码等，提升网站在搜索引擎中的排名，使得更多的用户能够通过关键词找到网站，从而提升网站的访问量和转化率。
- **提升网站流量：** 关键词排名的提升会促使网站流量的提升，进而促进流量的转化。这不仅能够增加网站的曝光度，还能够吸引更多的潜在用户。
- **提升品牌知名度：** 网站曝光度的提升有助于促进产品的推广宣传，提升品牌知名度。这对于企业来说，不仅能够扩大市场份额，还能够提高品牌价值。

二、SEO的应用领域

随着互联网技术的不断发展，SEO的应用领域不断扩大。目前，SEO已经广泛应用于网络营销的各个领域，并在各种类型的网站营销中发挥着重要作用。

- **SEO对企业网站的作用：** SEO不仅能增加企业网站的流量，而且能提升流量的质量。这些优质的流量往往来自企业的潜在用户，而潜在用户通过网站了解企业的产品和信息后，就有可能成为企业的直接用户。
- **SEO对电商网站的作用：** 电商网站要想实现产品的销售，就得有用户。SEO可以让搜索引擎将电商网站的产品呈现给更多的潜在用户，既能为电商网站节约大量的广告费，又能提高产品的销量。
- **SEO对个人网站的作用：** 个人网站因为经费的限制，需要一种低成本、高效率的营销手段，SEO就是很好的选择。

三、SEO的常用术语

对于SEO初学者来说，首先需要掌握与SEO相关的常用术语。

- **白帽SEO：** 白帽SEO是指合理合法、有利于用户体验提升、符合主流搜索引擎规范的SEO方法。白帽SEO是业内公认的最佳SEO方法，不会与搜索引擎的任何规范发生冲突。白帽SEO也是SEO从业人员的最高职业道德标准。

- **黑帽SEO：**黑帽SEO是指具有欺骗性的、违反搜索引擎规范的作弊手法，比如垃圾链接、隐藏网页、桥页（通过软件自动生成的包含大量关键词的网页）、关键词堆砌等。黑帽SEO不符合主流搜索引擎规范，虽然在短期内可能会让网站获得较高排名，但是一旦被发现，就会被搜索引擎惩罚。

- **灰帽SEO：**灰帽SEO是介于白帽SEO与黑帽SEO之间的SEO方法。相对白帽SEO而言，灰帽SEO会采取一些取巧的方式来操作，这些操作不算违规，但也不符合主流搜索引擎规范。

- **权重：**搜索引擎会通过不同的算法评价网站的质量及重要程度，并形成评分，这个评分就是权重。不过很多搜索引擎并没有公开发布每个网站的权重，现在能查询网站权重的有爱站网、站长工具等，它们先检测网站在各搜索引擎中的排名和流量等数据，再以相应的公式加权计算出表示权重的数值。该数值的取值范围为0～10，数值越大，权重越高。通过该数值，用户可以直观地了解网站在各搜索引擎中的重要程度。

- **降权：**降权是指网站在搜索引擎中的权重被降低，通常是因为作弊而被搜索引擎处罚导致。降权分为小幅降权、大幅降权和K站（被搜索引擎删除所有页面或只保留首页）3种。

- **转化率：**用户访问网站并达成网站定义的目标行为称为转化，如注册、下单、填写问卷等。完成转化的用户数与所有访问网站的用户数之比称为转化率。

- **外部链接与反链：**外部链接是指从本网站链接到其他网站的链接和从其他网站链接到本网站的链接。从其他网站链接到本网站的链接又被称为反链，反链的数量和质量对网站在搜索引擎中的排名有很大的影响。

四、SEO的基本步骤

网站SEO可以采用PDCA循环法来实施，即首先诊断网站目前存在的问题，并制订出相应的优化计划；然后执行计划，且为了提升优化的效率，采用统计表的形式细化任务；接下来检测网站SEO的效果，通过数据统计分析网站优化的情况；最后总结这一轮PDCA循环存在的不足，并修正计划，应用到下一轮PDCA循环中，以不断提升网站SEO的效果，如图1-1所示。

图1-1　网站SEO的PDCA循环

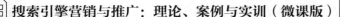
 专家指导

> PDCA由Plan（计划）、Do（执行）、Check（检查）、Act（修正）的首字母组成。Plan是指方针、目标和活动规划；Do是指根据已制订的计划设计具体的方案，并运作，从而实现计划中的内容；Check是指总结和分析执行计划的结果；Act是指处理、总结结果，对成功解决的问题加以提取、推广和标准化，将还未解决的问题提交到下一个PDCA循环中去解决。

1. 制订SEO计划

制订SEO计划的基础是全面分析和衡量网站需要优化的项目，综合诊断网站目前存在的问题。网站问题的诊断是为网站SEO服务。一般来说，网站问题的诊断包括以下5个方面。

- **前期准备：** 对一个全新的网站进行SEO，首先需要对整个网站进行SEO项目分析，确定一个明确的目标，如要建设什么类型的网站、网站的关键词是什么、有什么推广目标、用户群体是哪些等；然后确定网站的域名、服务器和网站系统是否适合SEO。做好这些工作，不仅可以为后面的工作带来便利，还可以提升搜索引擎对网站的认可度，加快搜索引擎对网站页面的收录速度。

- **关键词：** 对于任何一个网站来说，关键词都是影响网站SEO的重要因素。网站关键词代表了网站的市场定位，在优化关键词时必须合理布局关键词，主要包括了解影响关键词分类的因素，选择关键词，判断关键词的竞争程度，评估关键词的优化效果等。

- **网站结构：** 网站结构相当于一个网站的骨架。合理的网站结构能够正确表达出网站的基本内容，以及内容之间的层次关系。要优化网站结构，首先要清楚网站结构的类别，然后才能有针对性地优化不同类别的网站结构。

- **网站页面：** 网站页面优化是网站SEO的重要工作，通过不断优化和调整网页程序、内容、板块等，使网站页面符合搜索引擎的检索标准，从而提升网站在搜索引擎中的排名。网站页面问题的诊断主要是查看标题的设置是否合理、关键词和描述的设置是否到位、图片的属性是否合适，以及视频的设置是否恰当。

- **网站链接：** 网站链接是引导用户浏览网站的路径，同时也是引导搜索引擎抓取网页的路径。网站链接能够传递网站的权重，是网站的灵魂。因此，在网站建设的过程中一定要做好链接的诊断与优化。网站链接的诊断主要是内部链接和导入链接的诊断。

诊断网站问题可以使SEO人员及时发现网站存在的问题，降低损失，并根据发现的问题制订出合理的SEO计划。SEO计划应包括关键词优化策略、内容优化、结构优化、技术优化和外部因素优化等内容。为了提升网站SEO的效率，SEO人员需要制作一个完整的SEO任务计划表，细化优化指标，明确各任务的工作并及时跟进优化进度。

2．执行SEO计划

制订好SEO计划之后，接下来就需要执行SEO计划，即根据SEO计划优化和改进网站。

3．检测SEO效果

网站的SEO计划的设计是否合理、目标是否完成、计划是否需要改进，都要通过实际的检测才能有准确的判断。

一般来说，SEO效果是以实际的SEO指标来判定的。在网站SEO的过程中会有很多数据指标，主要包括网站收录、网站排名、外链检测和转化率等。

SEO人员可以创建网站流量统计表、网站关键词排名统计表等表格，记录不同时期的网站流量、关键词排名和其他业务数据，并比较和分析，以判断SEO计划是否有效、是否出现新问题等，总结网站SEO的情况。

▰ 专家指导

在实际的SEO指标检测过程中，有一个很大的认知误区，即单方面认为网站排名就是最终目标。对于一个企业来说，网站排名只是网站SEO的参考指标之一，提升网站的销售业务能力才是最终目的。因此，在网站SEO的过程中，注重转化率指标的变化是非常有必要的。

4．修正SEO计划

完成SEO效果的检测之后，总结SEO计划中效果不显著的地方，或者优化过程中出现的新问题，为下一轮的PDCA循环提供修正SEO计划的依据。

❋ 任务二　认识搜索引擎

SEO是为了提高网站在搜索引擎中的收录数量和排名，SEO人员还需要对搜索引擎有所了解。因此，佳美馨装饰网在完成SEO的主题培训后，又开始了关于搜索引擎的主题培训。

一、搜索引擎的定义

搜索引擎（Search Engine）是指根据一定的策略，运用特定的计算机程序从互联网上收集信息，再对信息进行组织和处理，为用户提供检索服务，将用户检索的相关信息展示给用户的网站系统。简而言之，搜索引擎通过收集并整理互联网上众多网页中的关键词并进行索引，进而建立索引数据库。当用户搜索某个关键词时，所有页面内容中包含该关键词的网页都将被作为搜索结果展示出来。

例如，在百度输入关键词"强化木地板的优缺点"，搜索结果页面将显示页面内容中包含"强化木地板的优缺点"的网页，如图1-2所示。

图1-2 搜索结果展示

通常情况下，在海量的搜索结果中，搜索结果展示的位置越靠前，被用户浏览的概率越高，营销推广的效果也就越好。

二、搜索引擎的发展史

在互联网尚未诞生之前，文件传送协议（File Transfer Protocol，FTP）作为一种广泛的信息共享方式，大量的文件散布在各个不同的FTP服务器中，给用户查询信息造成了极大的不便。为了解决这一问题，加拿大麦吉尔大学的学生在1990年研发了Archie。Archie能够定期收集和分析FTP服务器中的文件信息，从而帮助用户查找散落在不同FTP服务器上的文件。

虽然Archie收集的信息资源不是网页，但Archie的基本工作原理和搜索引擎是相同的，即自动收集信息资源、建立索引、提供检索服务。因此，Archie也被视作现代搜索引擎的雏形。

后来，随着互联网的兴起，为了更容易地查询互联网中的网页信息，搜索引擎应运而生，并随着互联网的发展不断进步。总体来说，搜索引擎分为4代。

- **第1代搜索引擎——分类目录时代：** 分类目录时代的搜索引擎会收集互联网上各个网站的站名、网址、内容提要等信息，并将它们分门别类地编排到一个网站中，用户可以在分类目录中逐级浏览并寻找相关的网站。搜狐目录、hao123等就是典型的分类目录。

- **第2代搜索引擎——文本检索时代：** 文本检索时代的搜索引擎可以对用户输入的查询信息进行各种运算，进而判断其与目标网页内容相关度的高低，并返回相关度高的网页给用户。一些早期的搜索引擎，如Alta Vista、Excite等都是这个时代的代表。

- **第3代搜索引擎——整合分析时代：** 整合分析时代的搜索引擎会通过反链的数量来判断一个网站的流行性和重要性，然后结合网页内容的重要性和相似程度来判断反馈信息的质量，最后还会将反馈给用户的海量信息智能整合成一个门户网站形式的页面，而不是像文本检索时代返回一个没有分类的链接清单。最早使用这种整合分析的是Google，该技术不仅使Google大获成功，还在当时引起了学术界和其他商业搜索引擎的重点关注。

• **第4代搜索引擎——用户中心时代：** 以用户为中心就是当用户查询时，要充分挖掘用户的深层次需求，实现精准化的用户定位和营销。以关键词"手机"为例，对于不同职业和不同年龄阶段的用户来说，他们对手机的需求是不同的，甚至同一个用户，也会因为时间和场合的不同而有不同的需求。要通过用户输入的简短关键词来判断用户的真正需求，就需要搜索引擎能够真正地了解用户。搜索引擎可以通过用户搜索时的大量特征，如上网的时间、操作习惯、搜索内容等，逐渐勾勒出用户的信息和需求，如性别、年龄阶段、兴趣爱好等，这些数据就是搜索引擎进行"商业数据挖掘"的巨大宝藏。

三、搜索引擎的类型

SEO人员要想网站能被精准检索，首先应该熟悉搜索引擎的分类，再根据网站的属性来优化网站。目前搜索引擎主要分为全文搜索引擎、目录索引类搜索引擎、元搜索引擎和垂直搜索引擎等。

1. 全文搜索引擎

全文搜索引擎（Full Text Search Engine）是目前应用较广泛的搜索引擎，国外具有代表性的全文搜索引擎是Google，国内则是百度和360搜索。全文搜索引擎从互联网中提取各个网站的信息（以网页文字为主），建立起网页数据库，并检索出与用户给出的搜索条件相匹配的记录，按一定的排列顺序返回搜索结果。

全文搜索引擎又可以分为两类。一类是拥有自己的检索程序（网页抓取程序）的搜索引擎，能够自己从互联网中抓取网页建立数据库，从自身的数据库中调用搜索结果，如Google、百度和360搜索等。另一类则是租用其他搜索引擎的数据库，并按照自定义的格式排列搜索结果的搜索引擎，如Lycos。由于这类搜索引擎不能够创建自己的数据库，无法满足用户的需求，现已逐渐被第一类搜索引擎所替代。

2. 目录索引类搜索引擎

目录索引类搜索引擎（Search Index/Directory）也被称为"分类检索"，以人工方式或者半自动方式搜索网页的内容，并根据网页的内容和性质将其归纳到不同层级的类目之下，形成信息摘要，最终形成像图书目录一样的树状分类结构索引。典型的目录索引类搜索引擎包括雅虎、网易、搜狐等。图1-3所示为目录索引类搜索引擎的结构。

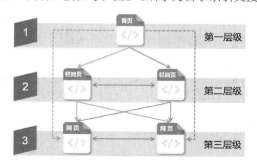

图1-3　目录索引类搜索引擎的结构

目录索引类搜索引擎为树状结构，它在首页中提供了最基本的入口，用户可以逐级向下访问，直到找到所需要的网页。此外，用户也可以利用搜索引擎提供的搜索功能直接查询某个关键词。

由于目录索引类搜索引擎只能在已经保存的站点的描述中搜索，因此网站本身的变化不会反映到搜索结果中，这也是目录索引类搜索引擎与全文搜索引擎的区别。

3. 元搜索引擎

元搜索引擎（Meta Search Engine）是为了弥补传统搜索引擎的不足而被开发出来的一种辅助搜索工具，它可以使用户只搜索一次就得到来自多个搜索引擎的搜索结果。元搜索引擎在接收用户的搜索请求后，会同时在多个搜索引擎中选择最合适的搜索引擎来实现搜索操作，并且将搜索结果返回给用户。典型的元搜索引擎有InfoSpace、Dogpile和Vivisimo等。

元搜索引擎由3个部分组成，分别是搜索请求处理模块、搜索接口代理模块、搜索结果显示模块。搜索请求处理模块负责接收和处理用户的搜索请求，搜索接口代理模块负责将用户的搜索请求翻译成不同搜索引擎所要求的格式，搜索结果显示模块则负责对所有搜索结果进行去重、合并和显示输出。其工作原理如图1-4所示。

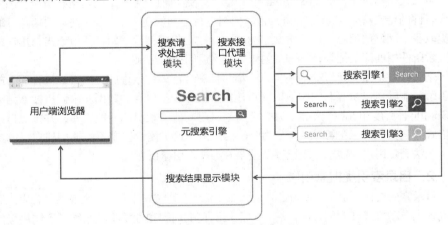

图1-4　元搜索引擎的工作原理

4. 垂直搜索引擎

垂直搜索引擎（Vertical Search Engine）更专注于特定的搜索领域和搜索需求，如图片搜索、视频搜索、法律搜索、专利搜索、论文搜索等。垂直搜索引擎是对通用搜索内容的细分，在其特定的搜索领域能够给用户提供更好的搜索体验，百度学术、百度文库、Google学术等都是垂直搜索引擎。图1-5所示为垂直搜索引擎的工作原理。

垂直搜索引擎的特点是精、准、深，且具有行业色彩。相比其他无序化的搜索引擎，垂直搜索引擎更加专业和深入，能够保证所收录信息的完整性和及时性，且其返回的搜索结果重复率低、相关性强、查准率高。

除了上述4种搜索引擎以外，还有集合搜索引擎、门户搜索引擎、免费链接列表等搜索引擎。这些搜索引擎的应用范围相对较窄，适当了解即可。

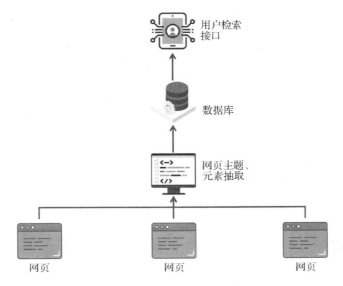

图1-5 垂直搜索引擎的工作原理

四、常见的搜索引擎

随着搜索引擎技术的不断成熟，新的搜索引擎也不断涌现。目前国内主要的搜索引擎有百度、360搜索、搜狗搜索等，国外主要的搜索引擎有Google、必应等。

1. 百度

百度是全球知名的中文搜索引擎，致力于向用户提供"简单、可依赖"的信息获取方式，其首页如图1-6所示。2000年1月，百度于北京中关村创立，"百度"二字源于宋朝词人辛弃疾《青玉案·元夕》中的"众里寻他千百度"，代表着百度对中文信息检索技术的执着追求。

图1-6 百度首页

百度收录的中文网页已有几百亿个，并且网页的数量每天都在飞速增长。同时，百度的服务器分布在全国各地，能直接从最近的服务器上把信息返回给当地用户，使用户享受畅快的搜索体验。百度每天处理来自100多个国家（或地区）超过数亿次的搜索请求，用户通过百度可以搜索到世界上较新、较全面的中文信息。

2. 360搜索

360搜索是北京奇虎科技有限公司旗下的一款搜索引擎产品，于2012年8月份上线。360搜索以简洁、快捷、安全为特点，秉承"为用户提供高效、精准、全面的搜索服务"的宗旨，致力于为用户提供更好的搜索体验，其首页如图1-7所示。

图1-7　360搜索首页

360搜索以自主研发的核心算法为基础，覆盖网页、图片、视频、音乐、新闻、知道、购物等各类搜索需求，提供跨终端、全场景的搜索服务。在搜索结果页面中，360搜索采用清新、简约的设计风格，同时结合搜索数据和用户反馈呈现优质的信息，具有较高的搜索效率和准确度。

3. 搜狗搜索

搜狗搜索是搜狐公司于2004年推出的第3代互动式中文搜索引擎，其首页如图1-8所示。搜狗搜索致力于中文互联网信息的深度挖掘，帮助我国上亿互联网用户快速获取信息，为用户创造价值。

图1-8　搜狗搜索首页

搜狗搜索极具特色，其图片搜索具有独特的组图浏览功能，网页搜索具有实时更新功能，地图搜索具有全国"无缝漫游"功能。这些功能使得搜狗搜索极大地满足了用户的日常需求，使用户可以更加便利地畅游互联网。

4. Google

Google是目前公认的全球最大的搜索引擎之一，是互联网上最受欢迎的网站之一，在全球范围内拥有大量的用户，其首页如图1-9所示。Google允许以多种语言进行搜索，有30余种语言可供选择。

图1-9　Google首页

Google以简单、干净的页面设计和高相关度的搜索结果赢得了用户的认同。Google每天需要处理约2亿次搜索请求，数据库存有约30亿个Web文件，提供常规搜索和高级搜索两种功能。

5. 必应

必应是微软公司于2009年推出的搜索引擎，集成了搜索首页图片设计、崭新的搜索结果导航模式、创新的分类搜索和相关搜索用户体验模式、视频搜索结果无须单击即可直接预览播放、图片搜索结果无须翻页等功能，其首页如图1-10所示。

图1-10　必应首页

五、搜索引擎的工作原理

搜索引擎的工作原理如图1-11所示，主要包括蜘蛛爬行、抓取建库、网页处理、检索服务和结果展示5个方面的内容。

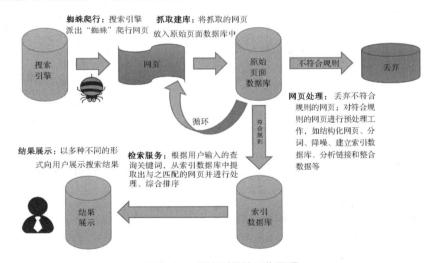

图1-11　搜索引擎的工作原理

1. 蜘蛛爬行

搜索引擎的网页抓取程序会顺着超链接访问互联网中的各个网页，就像蜘蛛在网上爬来爬去一样，所以网页抓取程序又被叫作网络蜘蛛（Spider）或搜索引擎蜘蛛。每个网络蜘蛛都有自己的名称，如BaiduSpider、Sogou Web Spider、Googlebot和Bingbot等。

当网络蜘蛛爬行到某个网站时，会采用深度优先、宽度优先和最佳优先3种策略爬行网站中的所有允许抓取的网页。

- **深度优先策略：** 深度优先策略是早期网络蜘蛛使用较多的一种爬行策略。在一个网页文件中，当一个链接被发现后，网络蜘蛛就会沿着该链接爬行到下一个网页，然后在这个网页中又沿着新发现的链接爬下去，直到没有未爬行的链接，再返回第一个网页，沿着另一条链接继续爬下去。当不再有新的链接可供选择时，整个爬行过程结束。图1-12所示为深度优先的爬行策略，网络蜘蛛的爬行顺序为：首页→A1→A2→……→An→首页→B1→B2→……→Bn→首页→C1→C2→……→Cn→首页→……

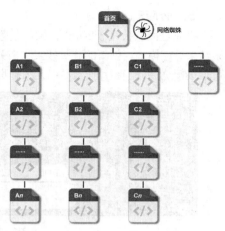

图1-12　深度优先的爬行策略

- **宽度优先策略：** 宽度优先策略是指网络蜘蛛来到一个网页后，先爬行该网页上所有的链接，再爬行下一层级网页链接的爬行策略。图1-13所示为宽度优先的爬行策略，网络蜘蛛的爬行顺序为：首页→第一层级链接的所有页面（A、B、C……）→第二层级链接的所有页面（A1、A2、……、B1、B2、……、C1、C2……）→第三层级链接的所有页面（A11、A12、……、A21、A22……）。

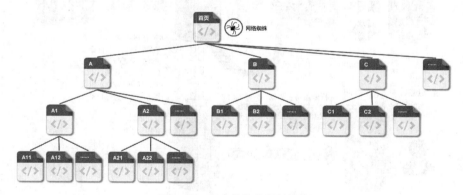

图1-13　宽度优先的爬行策略

- **最佳优先策略：** 最佳优先策略是指当网络蜘蛛到达一个网页时，会将其中的所有链接收集到地址库中，并对它们进行分析，从中筛选出重要性较高的链接的爬行策略。影响链接重要性的因素主要有权重、网站规模和反应速度等。在该策略下，一个链接的权重越高、网站规模越大、反应速度越快，它就越会被优先抓取。

2. 抓取建库

互联网中的网站资源极其庞大，并且其中还夹杂着大量的垃圾网站，再加上搜索引擎的资源有限，所以，搜索引擎并不会把所有网页都抓取到数据库中。网络蜘蛛到达一个网页后，会检测其中的内容，判断其是否为垃圾信息，如是否存在大量重复内容、乱码或与已收录的内容重复度高等。检测完成后，网络蜘蛛会抓取有价值的网页，并将其存储到数据库中。

3. 网页处理

网络蜘蛛抓取到网页数据后，由于数据量过于庞大，网页不能直接用于索引服务，所以搜索引擎还要做大量的预处理工作，如结构化网页、分词、去停止词、降噪、去重、建立索引数据库、分析链接和整合数据等。

- **结构化网页：** 网络蜘蛛抓取到的网页数据中，除了有在浏览器上可以看到的文本、图片、视频等内容外，还包含超文本标记语言（Hyper Text Markup Language，HTML）标签、JavaScript程序、导航、友情链接、广告等内容，这些内容与网页的主题无关，不能用于排名计算。结构化网页就是从网页中剔除这些内容，保留可以用于排名的正文文本、Meta标签内容、锚文本、图片和视频的注释等内容。

- **分词：** 由于中文的词与词之间是没有任何分隔符的，所以搜索引擎必须先准确地将一个较长的关键词拆分为多个关键词。例如，将"强化木地板的优缺点"拆分为"强化""木地板""的""优缺点"4个关键词。

- **去停止词：** 无论是英文还是中文，网页中都会有一些出现频率很高，但却对网页内容没有实际意义的词，如中文的啊、哈、呀、的、地、得等，英文的a、an、the、of、to等，这些词被称为停止词。停止词对网页没有什么影响，所以搜索引擎会去掉停止词，这样既可以突出网页的主体内容，又可以减少很多无谓的计算量。

- **降噪：** 在网页中，还有一些内容与网页主体内容没有什么关联，如版权声明、导航栏、广告等。这些与网页主体内容不相关的内容就属于"噪声"，对网页主体内容只能起到分散作用。因此，搜索引擎需要识别并消除"噪声"。降噪的基本方法是根据HTML标签划分网页区域，区分出网页头部、导航栏、正文、页脚、广告等区域，将无关区域的内容剔除掉，剩下的就是网页的主体内容。

- **去重：** 互联网中存在大量的重复内容，它主要是由网站之间的相互转载，以及使用网页模板产生的。用户搜索时，如果搜索结果中包含大量的重复内容，就会降低用户体验，所以搜索引擎需要识别和删除重复内容，这个过程就称为"去重"。

- **建立索引数据库：** 网页经过分词、去停止词、降噪和去重后，就可以得到能反映网页主体内容的关键词的集合。搜索引擎会记录每一个关键词在页面上出现的频率、次数、格式（如标题、加粗、锚文本等）、位置等信息，并根据这些信息计算每个关键词的重要性，再按照重要性对关键词排序，然后根据网页及其对应的关键词构建索引数据库。

- **分析链接：** 搜索引擎对网页排序时，还会分析链接到网页的所有反链，反链的数量和质量也能反映该网页的质量及其与关键词的相关度。

- **整合数据：** 除了HTML文件外，搜索引擎通常还能抓取和索引以文字为基础的多种文件，如PDF、Word、Excel、PPT、TXT文件等。但对图片、视频这类非文字内容，搜索引擎还不能直接进行处理，只能通过其说明性文本处理。不同的数据格式被分别存储，但是在建立索引数据库及排序时，搜索引擎往往又会联系与数据相关的内容，以判断其相关性与重要性，最终形成一个有利于搜索排名的检索数据库。

4．检索服务

搜索引擎建好检索数据库后，就可以为用户提供检索服务了。当用户输入一个搜索关键词后，搜索引擎首先会处理搜索关键词，将其过滤和拆分，然后从索引库中将与之匹配的网页提取出来，再通过不同的维度对网页的得分进行综合排序，最后通过收集用户搜索数据优化结果，得到最终的搜索结果。

（1）处理搜索关键词。与处理网页的关键词类似，搜索引擎也会对用户输入的搜索关键词进行分词和降噪等操作，将其拆分为关键词组，并剔除掉对搜索结果意义不大的关键词。

（2）提取网页。确定好关键词后，搜索引擎会从检索数据库中提取包含该关键词的网页，但是这些页面并不会全部参与排名。因为搜索结果一般都会有几十万甚至上千万条，如果全部参与排名，搜索引擎的计算量就会非常大，速度会非常慢，并且用户通常也只会查看前面几页的结果。因此，搜索引擎通常只显示100页以内的搜索结果，按照默认每页10条搜索结果计算，搜索引擎最多只需要返回1000条结果。

（3）综合排序。搜索引擎会根据不同方面的得分对参与排名的网页进行综合排序，以得到最终的搜索结果。综合排序的标准主要包括以下6个方面。

- **相关性：** 网页内容与搜索关键词的匹配程度，如网页包含搜索关键词的个数、搜索关键词出现的位置，以及反链的锚文本内容等。
- **权威性：** 一般情况下，权威性网站提供的内容更加真实、可靠，所以权威性越高的网站，网页排名越靠前。
- **时效性：** 主要查看网页是否为新出现的网页，网页内容是否为新鲜的内容。目前，时效性在搜索引擎对网页的排序中越来越重要。
- **丰富度：** 网页内容的丰富程度，网页内容越丰富，能够满足的用户需求就越多，除了可以满足用户的单一需求，还可以满足用户的延展需求。
- **加权：** 人工提高一些有特殊需要的网页的权重，如官方网站、特殊通道等。
- **降权：** 对一些具有作弊嫌疑的网页进行降权处理。

（4）检索优化。搜索引擎可以通过IP地址获取用户所在的地区，再根据各地区用户的搜索习惯，返回相应的排名结果，也可以通过用户的搜索时间、以往的搜索记录及浏览过的网页等信息了解用户的兴趣爱好、关注的内容等，从而提供更加准确、个性的搜索结果。

5．结果展示

确定最终的搜索结果后，搜索引擎会将这些内容显示在搜索结果页面，如图1-14所示。整个搜索结果页面分为左、右两个部分，左侧为搜索引擎通过排序规则排序后的显示结果，也称为自然搜索结果，其中通常会夹杂一些广告；右侧则主要是百度的知心搜索和百度热搜内容。

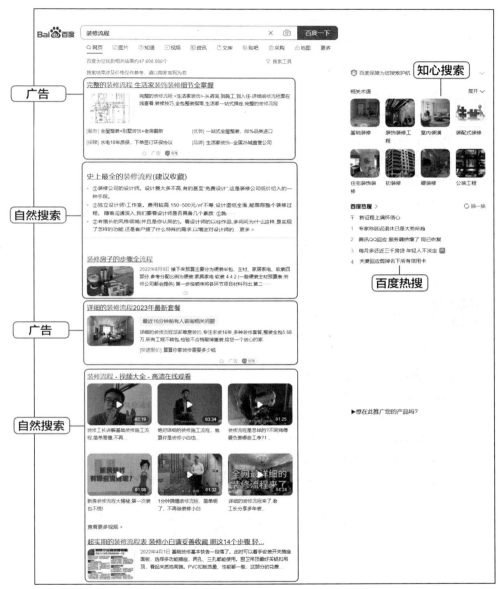

图1-14　搜索结果页面

目前，搜索引擎搜索结果的展示形式是多种多样的，包括摘要式、图片式、视频式、软件下载式、精选摘要式、框计算式和整合式等。

- **摘要式：** 摘要式是比较原始的展示方式，只显示标题、发布时间、摘要、网站名称或网址，如图1-15所示。

- **图片式：** 在摘要式的基础上显示一张图片，如图1-16所示，该图片大部分情况下是从网页中选取的，也可以通过百度资源平台的Logo提交功能提交。

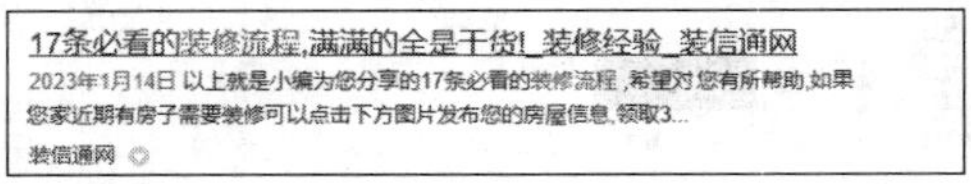

图1-15　摘要式 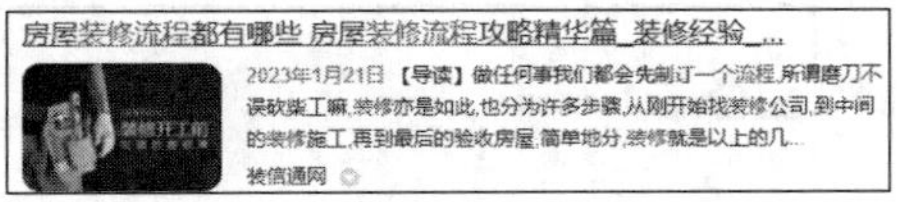 　　　　　　　　　　　　图1-16　图片式

- **视频式：** 用于显示包含视频的网页，在摘要式的基础上显示一张视频缩略图和视频时长，如图1-17所示。

- **软件下载式：** 用于显示提供软件下载功能的页面，除了标题的链接外，还会显示软件的图标、版本、大小、类型、更新、系统、软件截图等信息，以及普通下载和 安全下载 按钮，单击普通下载按钮可直接下载，单击 安全下载 按钮将通过指定的下载软件下载，如图1-18所示。

图1-17　视频式 　　　　　　　　　　　　图1-18　软件下载式

- **精选摘要式：** 有时，用户搜索是为了查找某个问题的答案，如果搜索引擎有较大把握给出正确答案，就会在搜索结果页面的顶端显示该答案，这种展示形式就是精选摘要式，如图1-19所示。

- **框计算式：** 有时，对用户搜索的内容，搜索引擎可以直接给出精准、可靠的信息或答案，这样用户就不用再转到其他网站查看，这种方式被称为框计算，框计算式可以展示天气、证券、单位换算、航班、火车车次等信息，如图1-20所示。

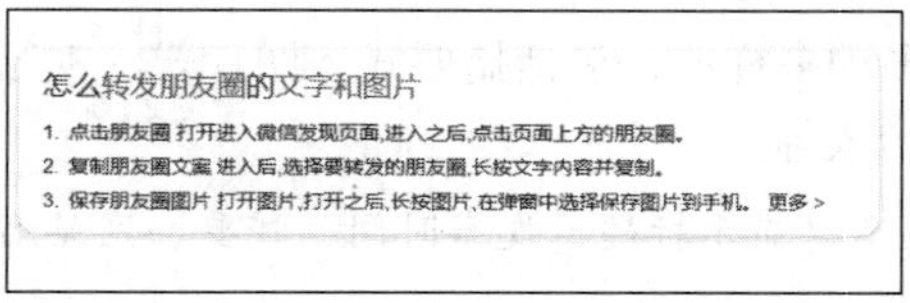

图1-19　精选摘要式 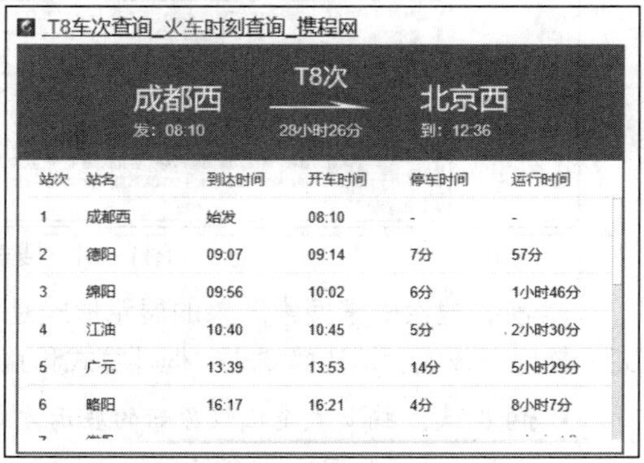 　　　　　　　　　　　　图1-20　框计算式

- **整合式**：当搜索结果中有较多的新闻、图片、视频、产品等内容时，搜索引擎会将这些内容整合在一起显示，图1-21所示为新闻信息整合式显示结果，图1-22所示为图片整合式显示结果，图1-23所示为视频整合式显示结果，图1-24所示为产品整合式显示结果。

图1-21　新闻信息整合式显示结果

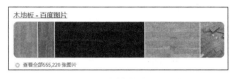

图1-22　图片整合式显示结果

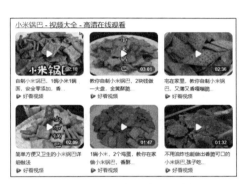

图1-23　视频整合式显示结果

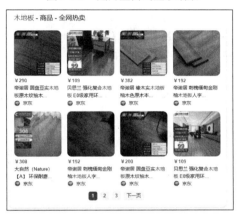

图1-24　产品整合式显示结果

六、搜索引擎的使用方法

　　SEO人员需要熟练掌握搜索引擎的使用方法才能更好地进行网站优化，搜索引擎的使用方法包括基本搜索和使用搜索指令两种方法。

1. 基本搜索

　　基本搜索方法就是直接输入关键词进行搜索。例如，在百度的搜索框中输入"室内装修基础知识"关键词，按"Enter"键或单击 百度一下 按钮，即可得到搜索结果，如图1-25所示。

图1-25　在百度搜索"室内装修基础知识"关键词

使用百度的搜索工具还可以限定要搜索的内容的发布时间、文件格式和网站，其方法为单击搜索结果上方的 🔽搜索工具 显示出搜索工具。单击 时间不限🔽 按钮，在弹出的下拉列表中可以选择网页的发布时间；单击 所有网页和文件🔽 按钮，在弹出的下拉列表中可以选择要搜索的网页或文件的格式；单击 站点内检索 按钮，在弹出的文本框中可以输入一个网址，单击"确认"按钮后将只返回相应网站内的网页，如图1-26所示。

图1-26　使用搜索工具

2. 使用搜索指令

用户除了可以使用基本搜索方法进行搜索外，还可以使用搜索指令。对SEO人员而言，使用搜索指令有助于研究竞争对手和寻找外部链接。

（1）site指令。site指令是搜索指令的一种，通过site指令可以查询某个域名被搜索引擎收录的网页数量，其格式为：

$$\text{"site"}+\text{半角冒号 ":"}+\text{网站域名}$$

案例 1-1　使用 site 指令

下面使用site指令查询某装饰网站在百度中的收录情况。

步骤 01▶ 在百度的搜索框中输入"site:***.com"文本，单击 百度一下 按钮得到搜索结果，在其中可以看到该网站约有100 000 000个网页被收录，如图1-27所示。

步骤 02▶ 重新在搜索框中输入"site:www.***.com"文本，单击 百度一下 按钮得到搜索结果，可以看到该网站只有3 770 121个网页被收录，如图1-28所示。

微课视频：使用
site指令

图1-27　输入文本并查看结果　　　　图1-28　包含"www"的查询结果

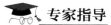 专家指导

一些网站除了"www"二级域名外，通常还有其他的二级域名，如"news"等。当搜索的网站域名包含"www"时，只会统计该二级域名下收录的网页数量；不包含"www"时，则会统计该域名及其所有二级域名下收录的网页数量。

（2）domain指令。domain指令是SEO中运用频率较高的指令，通过domain指令可以查询向某个网站提供反链的网站，其格式为：

"domain"+半角冒号":"+网站域名

<u>案例 1-2</u>　　**使用 domain 指令**

下面使用domain指令查询向某装饰网站提供反链的网站。

步骤 01 ▶ 在百度的搜索框中输入"domain:www.***.com"文本。

步骤 02 ▶ 单击 百度一下 按钮得到搜索结果，在其中可以看到约有39 200 000个结果，如图1-29所示。

微课视频：使用domain指令

图1-29　查询向某装饰网站提供反链的网站

（3）intitle指令。使用intitle指令可以查询页面标题（<title>标签）中包含指定关键词的网页，其格式为：

"intitle"+半角冒号":"+关键词

<u>案例 1-3</u>　　**使用 intitle 指令**

下面在百度中查询所有标题中包含"强化木地板"关键词的网页。

步骤 01 ▶ 在百度的搜索框中输入"intitle:强化木地板"文本。

步骤 02 ▶ 单击 百度一下 按钮得到搜索结果，可以看到每个页面标题中都包含"强化木地板"文本，如图1-30所示。

微课视频：使用intitle指令

图1-30　输入"intitle:强化木地板"的搜索结果

（4）inurl指令。通过inurl指令可以查询统一资源定位符（Uniform Resource Locator，URL）中包含指定文本的网页，其格式为：

"inurl" +半角冒号":" +指定文本

"inurl" +半角冒号":" +指定文本+空格+关键词

案例1-4 使用 inurl 指令

下面使用inurl指令先搜索URL中包含"zx1××"文本的网页，然后搜索URL中包含"zx1××"文本且网页中包含"装修"关键词的网页。

步骤01▷在百度的搜索框中输入"inurl:zx1××"文本，按"Enter"键得到搜索结果，可以看到每个网页的URL中都包含"zx1××"文本，如图1-31所示。

步骤02▷重新在搜索框中输入"inurl:zx1××装修"文本，按"Enter"键得到搜索结果，其中每个网页的URL中都包含"zx1××"文本，并且页面内容中包含"装修"关键词，如图1-32所示。

图1-31 输入"inurl:zx1××"的搜索结果　图1-32 输入"inurl:zx1×× 装修"的搜索结果

📈 课堂实训 ●●●●

【实训背景】

千履千寻网站是一个主营运动鞋的网站，网站上线以来，相关关键词在搜索引擎中的排名较为靠后，网站访问量较低，为了解决这些问题，千履千寻网站决定进行SEO，以提高网站在搜索引擎中的排名。为了能够更好地完成SEO工作，千履千寻网站的SEO人员决定先熟悉搜索引擎搜索结果的各种展示方式，并查询相关行业网站在百度中的收录情况和反链情况。

【实训要求】

（1）在百度中搜索"运动鞋"关键词，并观察各种搜索结果展示方式。

（2）查询安踏网站在百度中的收录情况和反链情况。

微课视频：在百度中搜索并查询

【实施过程】

步骤 01 ▶ 进入百度首页，在搜索框中输入"运动鞋"文本，按"Enter"键搜索包含"运动鞋"关键词的网页。

步骤 02 ▶ 在搜索结果页面可以看到产品整合式、新闻信息整合式、图片整合式、视频整合式、图片式、摘要式等展示方式，如图1-33所示。

（a）产品整合式

（b）新闻信息整合式

（c）图片整合式

（d）视频整合式

（e）图片式

（f）摘要式

图1-33　搜索结果的展示方式

步骤 03 ▶ 在搜索框中输入"site:an**.com"文本，按"Enter"键，在打开的搜索结果页面中可以看到安踏网站在百度中的收录数量约为66 700个，如图1-34所示。

步骤 04 ▶ 在搜索框中输入"domain:an**.com"文本，按"Enter"键，在打开的搜索结果页面中可以看到安踏网站的反链数量约为511 000个，如图1-35所示。

图1-34　安踏网站在百度中的收录情况　　图1-35　安踏网站在百度中的反链情况

 职业素养

SEO人员应当遵守职业道德，保证网页信息的真实性。网络不是法外之地，SEO人员有责任为自己的言行负责，并自觉维护绿色网络环境。

课后练习

一、单选题

1. 下列选项中，对搜索引擎发展时代描述错误的是（　　　）。

   A. 在分类目录时代，用户可以在分类目录中逐级浏览并寻找相关的网站

   B. 在文本检索时代，搜索引擎会将反馈回来的海量信息智能整合成一个门户网站形式的页面

   C. 在整合分析时代，搜索引擎会通过反链的数量来判断一个网站的流行性和重要性

   D. 在用户中心时代，搜索引擎会充分挖掘用户的深层次需求，实现精准化的用户定位和营销

2. 下列选项中不属于网络蜘蛛的爬行策略的是（　　　）。

   A. 深度优先　　　B. 高度优先　　　C. 最佳优先　　　D. 宽度优先

3. 下列选项中不属于搜索引擎的类型的是（　　　）。

   A. 全文搜索引擎　　　　　　　B. 目录搜索引擎

   C. 组合搜索引擎　　　　　　　D. 垂直搜索引擎

4. 通过（　　　）指令可以查询某个域名被搜索引擎收录的页面数量。

   A. site　　　B. domain　　　C. intitle　　　D. inurl

二、判断题

1. 黑帽SEO是作弊手法，且一旦被发现，就会被搜索引擎惩罚。　　　（　　　）

2. 灰帽SEO会采取一些取巧的方式来操作，这些操作不算违规，但也不符合主流搜索引擎规范。　　　（　　　）

3. 百度权重是百度官方发布的网站权重数值。　　　（　　　）

三、简答题

1. 简述SEO对各类网站的作用。

2. 简述SEO的基本步骤。

3. 简述常用的搜索引擎有哪些，并说明其主要特点。

四、操作题

1. 利用搜索引擎搜索自己感兴趣的内容，并观察各种搜索结果展示方式。

2. 利用搜索指令查询京东网站在百度中的收录情况和反链情况。

项目二

SEO前期准备

• 项目背景

　　进行网站SEO前，SEO人员需要做好前期准备工作。本项目将通过佳美馨装饰网的SEO前期准备工作，系统介绍SEO项目分析、选择网站域名、选择网站服务器的方法，从而帮助SEO人员更好地开展后期工作，方便搜索引擎收录网站，并让用户更容易记住佳美馨装饰网。

知识目标

- 掌握确定网站市场定位的方法。
- 掌握分析竞争对手网站的方法。
- 了解域名的基本知识及域名对SEO的影响。
- 了解网站服务器的类型及其对SEO的影响。

技能目标

- 能够查询竞争对手网站的SEO数据。
- 能够为网站选择合适的域名和网站服务器。

素养目标

- 尊重知识产权，不使用与知名网站近似的域名、名称、标识。
- 具备敏锐的市场洞察力，培养综合分析问题的能力。

任务 一 SEO项目分析

佳美馨装饰网在为新进SEO人员培训SEO的基础知识之后，决定让他们也参与SEO的前期准备工作。首先是SEO项目分析，即分析自己网站的市场定位，分析竞争对手的网站，做到知己知彼，从而制定出准确且高效的网站优化策略。

一、网站的市场定位

网站的市场定位就是网站及产品在目标市场上所处的位置，影响着SEO的目标和计划，如果网站的市场定位有误，则将导致网站SEO目标发生偏差，严重影响SEO效果。

网站的市场定位主要包括网站的行业定位、商业模式定位和盈利模式定位3个方面的内容。

1. 行业定位

网站的行业定位决定了网站内容和哪个行业有关，是服装、金融，还是房地产。网站必须有一个清晰的行业定位，且一个网站通常不可能同时做服装、金融和房地产。如果网站的行业定位不准确，则用户将很难在该网站中找到自己需要的内容，从而影响用户的长期稳定性。

2. 商业模式定位

网站的商业模式定位就是确定网站切入市场的模式，主要有下3种商业模式。

- **跨界商业模式：** 跨界商业模式是指传统企业通过网络开展跨界营销，以减少产品从生产到送达用户手中的环节，减少在流通渠道中的无谓损失，从而达到提高效率、降低成本的目的。

- **免费商业模式：** 免费商业模式是指通过提供免费的产品和服务，将用户转化为流量，然后通过延伸价值链或增值服务来获得利润。

- **线上+线下商业模式：** 线上+线下商业模式是指线上交易和线下体验相结合的商业模式，它主要包括两种场景。一是线上到线下，用户在线上购买或预订服务，然后到线下现场体验服务；二是从线下到线上，用户在线下实体店体验并选择产品，然后在线上下单购买产品。

3. 盈利模式定位

盈利模式定位就是确定网站如何获取利润。网站的盈利模式有多种，包括显示广告、销售产品、提供服务等。一个网站必须确定主要的盈利模式，其他盈利模式可以作为辅助盈利模式。

SEO人员根据网站的实际情况，最终确定佳美馨装饰网的市场定位如下。

> 行业定位：家装行业。
>
> 商业模式定位：跨界商业模式。
>
> 盈利模式定位：主要的盈利模式为提供房屋设计、装修服务；辅助盈利模式为装修材料供应、家居产品销售。

二、竞争对手网站分析

正确分析竞争对手网站这一环节在整个SEO过程中比较重要，分析竞争对手网站需要收集竞争对手网站中的各种数据，并通过这些数据判断其网站的大致情况。通过竞争对手网站分析，可以明确对方网站的优点和不足之处，并据此制定相应的SEO策略，在吸取对方网站优点的同时展示出自己的特色，从而超越竞争对手网站。

- **分析竞争对手网站的权重：** 如果竞争对手网站的权重较高，则说明该网站在搜索引擎中的评级较高，要想在百度等搜索引擎中超越该网站，难度会很大。

- **分析竞争对手网站的反链数量：** 反链数量是判断竞争对手网站质量和网站建设力度的重要依据。

- **分析竞争对手网站的反链质量：** 反链不仅数量要多，而且质量要高。高质量的反链是指从高权重网站链接过来的反链。高质量的反链直接决定着网站在搜索引擎中的权重，所以有些网站即使反链较少，但反链的质量较高，其排名也会很靠前。

- **分析竞争对手网站的收录量：** 一个网站的收录量越多，说明越受搜索引擎重视，收录量的多少也可以反映网站的权重高低，通常网站的收录量越多，权重也就越高。

- **分析竞争对手网站的内容质量：** 网站的内容质量会影响其在搜索引擎中的收录量，一个网站即使权重不高，但是有很多有价值的原创内容，那它在搜索引擎中的收录量也会很多。要判断网站中的一段内容是否为原创，可以复制该内容，并在搜索引擎中搜索，如果发现有大量类似的内容，该内容就不是原创的。如果竞争对手的网站有很多的原创内容，原创度很高，要超过它就很困难。

- **分析竞争对手网站的更新频率：** 通过在搜索引擎中查询网页的收录时间，可以分析出竞争对手网站的更新频率，搜索引擎相对更喜欢较新的内容，因此，对于经常更新的网站，超越的难度会很大。

- **分析竞争对手网站的内部链接：** 内部链接是指网站内部网页与网页之间的相互链接，它可以提高内容页的权重，让内容页的排名更靠前，从而带来更多的流量。并且，内部链接的合理分布也能让搜索引擎更好地检索整个网站，从而收录更多网页。

- **分析竞争对手网站的TDK设置：** TDK设置是指网页的标题（Title）、描述（Description）和关键词（Keyword）的设置。通过分析竞争对手网站的TDK设置可以了解竞争对手的网站定位，以及关键词的设置。

- **分析竞争对手网站的关键词排名：** 分析竞争对手网站的关键词排名可以了解竞争对手主要针对哪些关键词做了优化，以及整体的优化情况等。SEO人员可以参考这些关键词的排名来制订自己的关键词优化计划。

- **分析竞争对手网站的用户体验：** 在"互联网时代"，赢得用户的关键是做好用户体验，从用户进入网站开始，就要进行各种布局，让用户产生信赖感，让用户觉得这是一个正规的网站，在该网站购物是安全的。分析竞争对手网站的用户体验最直接的做法是查看竞争对手网站中是否具有产品搜索、站内搜索、在线客服、留言系统、相关认证等内容板块。

- **分析竞争对手网站的域名：** 域名注册的时间越长，权重越高，因此，对于域名注册时间较长的网站，超越有一定的难度。

- **分析竞争对手网站的友情链接：** 查看与竞争对手网站做友情链接的网站主要有哪些，是不是内容相关的网站、是不是高权重的网站、有没有不良网站等。如果这些友情链接的网站都是同类网站，那么超越竞争对手网站的难度会增加。

- **分析竞争对手网站的流量：** 分析竞争对手网站的流量可以判断出竞争对手网站的市场价值和占有率，从而可以判断出哪些是主要竞争对手，它们的实力如何。

- **分析竞争对手网站的速度：** 网站速度也是影响网站在搜索引擎中排名的一个因素。一般来说，超过5秒还没有打开网页，用户会关闭网页，造成流量流失。因此，如果网站的速度很慢，会严重影响网站的排名。

- **分析竞争对手网站的网页架构：** 网页架构是指网页的布局方式，通常有表格（<table>标签）布局和DIV+CSS布局两种，一般来说，DIV+CSS布局更容易被搜索引擎检索。

使用站长工具、爱站网中的SEO综合查询工具可以很方便地查询竞争对手网站的SEO数据。

案例 2-1 **使用爱站网查询竞争对手网站的 SEO 数据**

步骤 01 ▶在爱站网的SEO综合查询文本框中输入竞争对手网站的网址，单击 查询 按钮。

步骤 02 ▶在综合信息部分可以查看该网站的流量（百度来路、移动来路、预估日均IP、预估日均PV）、链接（出站链接、首页内链）、权重（百度权重、移动权重、360权重等）、排名（世界排名、国内排名）、网站速度等信息，如图2-1所示。

微课视频：使用爱站网查询竞争对手网站的SEO数据

图2-1 综合信息

步骤 03 ▶向下滚动网页到"百度关键词"栏，在其中可以查看该网站最近7天、30天、3个月关键词排名的PC趋势和移动趋势，如图2-2所示。

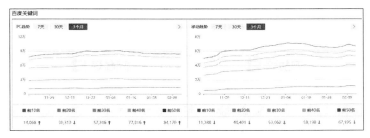

图2-2 百度关键词

步骤04 ▶向下滚动网页到"META关键词"选项卡，在其中可以查看<meta>标签中各关键词的出现频率、密度、百度指数、360指数等信息，如图2-3所示。

关键词	出现频率	2%< 密度 < 8%	百度指数	360指数	百度排名	排名变化	预计流量
装修公司	17	1.83%	51,650	835	17,18,22,25,26	-4 ↓	72 - 72 IP
装修效果图	3	0.40%	7,144	7,973	13,14,23,24,25,26,36	1 ↑	21 - 21 IP
装修网	5	0.40%	905	1,000	7,23	-	18 - 91 IP
家装网	1	0.08%	256	809	12,22,23	5 ↑	较少IP

图2-3 META关键词

步骤05 ▶向下滚动网页到"收录/索引信息"栏，在其中可以查看该网站最近7天、30天、3个月收录数量和索引数量的变化趋势，以及最近几天百度收录、百度索引、百度反链、搜狗收录、360收录的具体数据，如图2-4所示。

日期	百度收录	百度索引	百度反链	搜狗收录	360收录
2023-02-14	100,000,000	50,600,000	50,600,000	17,671,221	2,110,000
2023-02-13	100,000,000	27,207,929	50,600,000	17,671,221	2,110,000
2023-02-12	100,000,000	27,207,541	39,300,000	17,671,221	2,110,000
2023-02-11	100,000,000	27,363,541	50,600,000	17,671,221	2,110,000

图2-4 收录/索引信息

步骤06 ▶向下滚动网页到"alexa趋势信息"栏，在其中可以查看该网站的排名变化趋势，如图2-5所示。

综合排名	当日排名	变化趋势	一周排名	变化趋势	一月排名	变化趋势	三月排名	变化趋势
14,636	-		22298	9614 ↓	14401	718 ↓	14635	8137 ↑

图2-5 alexa趋势信息

步骤07 ▶向下滚动网页到"页面信息"栏，在其中可以查看该网站标题、关键词和描述的具体内容，如图2-6所示。

图2-6　页面信息

步骤08 ▷ 向下滚动网页到"安全检测"和"相关子域名"栏，在"安全检测"栏可以查看该网站的安全评分；在"相关子域名"栏可以查看该网站的子域名数量和子域名的名称，如图2-7所示。

图2-7　安全检测和相关子域名

步骤09 ▷ 向下滚动网页到"同IP网站"和"网站反链"栏，在"同IP网站"栏可以查看与该网站使用相同IP地址的网站及其域名；在"网站反链"栏可以查看该网站的反链总量，以及提供反链的网站的域名，如图2-8所示。

图2-8　同IP网站和网站反链

步骤10 ▷ 向下滚动网页到"alexa排名趋势"和"服务器信息"栏，在"alexa排名趋势"栏可以查看该网站的alexa排名变化趋势；在"服务器信息"栏可以查看该网站服务器的相关信息，如图2-9所示。

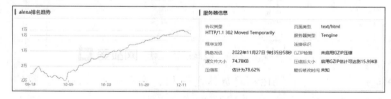

图2-9　alexa排名趋势和服务器信息

任务二　选择合适的域名

　　域名对网站来说非常重要，一旦选择就不能轻易更改。因此，佳美馨装饰网的SEO人员决定为网站选择一个能为SEO起到辅助作用，且容易让用户记住的域名。

一、认识域名

互联网中的每个网站都有一个唯一的IP地址，但IP地址是由4个0～255的数字组成的，如163.108.208.215，记忆起来非常困难，而使用域名就可以很好地解决这个问题。

1. 域名的定义

域名由多个有意义的字符串组成，各字符串之间用字符"."隔开，比IP地址更形象，也更容易记忆。根据级别的不同，域名可以分为国际域名、顶级域名和国内域名3类。

- **国际域名：** 国际域名全世界通用，包括用于公司和商业机构的.com、用于网络服务的.net、用于非营利性组织的.org、用于政府部门的.gov和用于教育机构的.edu等。

- **顶级域名：** 顶级域名是用于区分不同国家与地区的域名，例如，.jp代表日本等。

- **国内域名：** 这里的国内域名特指中国国内域名，以.cn结尾，如.com.cn（中国公司和商业机构）、.net.cn（中国网络服务）、.org.cn（中国非营利性组织）、.gov.cn（中国政府部门）、.edu.cn（中国教育机构）等。

2. 域名的选择

域名是唯一的，每个网站的域名都不相同。域名是用户找到网站的主要方式，因此在推广网站时，通常需要使用匹配网站名称（品牌）的域名，以免用户进错网站，造成不必要的分流。选择域名时，应注意以下事项。

- **要短小易记：** 短小易记的域名可以使用户更快地记住。选择域名时，可以使用企业名称、品牌的汉语拼音或缩写形式，数字加英文或拼音等形式的域名，以便用户看到域名就可以联想到网站。

- **不要使用非主流的后缀：** 域名后缀的类型会对搜索引擎产生一定影响。像.com、.cn、.net等常见的域名后缀不仅方便用户记忆，而且搜索引擎也会给予更高的权重。而像.cc、.ai、.im、.me等非主流的域名后缀，是一些小国家或地区的顶级域名，由于管理较为松懈，经常被不法分子用来制作非法网站，因此搜索引擎对带有这些后缀的域名的信任度较低。

- **不要和其他域名混淆：** 选择域名时，不要使用和知名网站域名相似的域名，这容易让用户产生误解，且也不利于自己网站的推广。有些SEO人员觉得使用和知名网站域名相似的域名可以利用其品牌效应推广自己的网站，但对用户而言却是一种带有欺骗性的行为，即使用户进入了网站，当发现并不是他所要访问的网站时，就会立即退出，并认为这个网站是假冒的，甚至是骗子网站。

 职业素养

> 使用与知名网站相似的域名、名称、标识，让用户混淆，造成用户误认的行为属于侵犯知识产权的行为，可能会面临各种处罚或民事赔偿，SEO人员在选择域名时不要选择和知名网站相似的域名。

- **与核心业务相关：**一个好的域名应该与企业的核心业务相关。这样用户一看到域名就可以知道这个网站是做什么的，这不仅便于用户记忆，还有利于网站的推广，例如，图书网站域名中可以包含books等。

- **尽量避免文化冲突：**一些域名在我国是没有歧义的，但在其他国家就可能引起文化冲突，从而遭到抵制。所以在选择域名时，特别是选择国际化网站的域名时，应该尽量避免使用可能引起文化冲突的域名。

- **尽量与网站名称相同：**通常用户容易对网站的名称产生记忆，因此域名应与网站名称相关，使用网站名称的拼音、英文的全称或者缩写作为域名更好。这对增进相关性、加强品牌的传播，以及SEO都是非常有利的。

SEO人员根据网站的实际情况，最终确定以下域名作为佳美馨装饰网的备选域名（准备多个域名是为了应对在注册域名时有的域名已经被注册的情况）。

> j**.com   j**.cn   jmx**.com   jmx**.cn   jmxz**.com   jmxz**.cn

二、域名对SEO的影响

域名是一个网站的重要组成部分，它是网站与用户交流的直接途径。因此，一个好的域名可以很容易被用户记住，可以让搜索引擎给予很好的评价，并提升关键词的排名。

1. 域名的种类对SEO的影响

通常情况下，国际域名的权重要大于顶级域名和国内域名，按照权重排序为：.gov>.edu>.org>.com>.cn>gov.cn>.edu.cn>.org.cn>.com.cn。.gov和.edu的权重虽然很高，但一般的企业和个人不能注册，所以从商业角度来看，应该首选.com后缀的域名。

2. 域名的长短对SEO的影响

域名中包含网站的核心关键词，通常会导致域名过长，这会带来很多弊端，导致用户体验较差和权重分散。而短域名不仅易写、易记，而且易于推广，所以短域名带来的好处要远远大于长域名。当然，能选择一个既简短又含有关键词的域名就再好不过了。

3. 中文域名对SEO的影响

中文域名是包含中文字符的新一代域名，它的功能与英文域名一样，注册后可以提供Web、E-mail、FTP等多种功能。随着中文域名的流行与普及，现在很多搜索引擎都支持收录中文域名的网站。然而，中文域名在输入时要频繁切换输入法，影响用户的使用体验，因此英文域名仍是首选。

4. 域名存在时间的长短对SEO的影响

在搜索引擎中存在时间越长的网站，其权重往往越高。所以，注册了一个域名之后，即使网站没有建设完成，也应该先发布一个简单的网站，等网站制作完成后，再重新发布，这就相当于对一个已经被搜索引擎收录的网站进行更新。这样可以使域名在搜索引擎中存在的时间更长。

当然，购买老域名来做新网站也可以获得同样的好处，但会存在一定的风险。如果这个域名原来的网站曾经出现过色情、赌博等非法内容，或是因作弊而被搜索引擎处罚过，就会给新网站带来负面的影响。另外，如果新网站的内容与原来的网站完全不同，域名所积累的部分信任度也会被清空并重新计算。

任务 三 选择合适的网站服务器

佳美馨装饰网的网站空间托管于一个小型的服务器提供商，但由于该提供商的技术能力和服务器性能有限，网站在访问高峰期经常出现访问缓慢，甚至无法访问的情况。为了解决这个问题，佳美馨装饰网的SEO人员决定为企业网站选择一家更加专业的服务器提供商，以提高网站的访问速度和稳定性。

一、选择网站服务器提供商

要建设网站，就需要有存放网站的服务器，如果自己架设服务器，则不仅要投入大量的财力购置服务器设备、铺设光纤，还要学习复杂的服务器配置、维护的相关专业知识。这对中小企业来讲成本太高，所以企业可以在网上选择网站服务器提供商，利用其提供的虚拟主机、云服务器等搭建自己的网站。

互联网上有很多网站服务器提供商，其中比较知名的有新网、阿里云和西部数码等。

1. 新网

新网的服务种类很丰富，它在全国的代理非常多，服务也因地而异，是国内比较有名的网站服务器提供商之一。新网的首页如图2-10所示。

图2-10 新网首页

2. 阿里云

阿里云提供域名注册、云服务器、虚拟主机、企业邮箱、网站建设等相关服务。阿里云在域名市场上的占有率很高，其首页如图2-11所示。

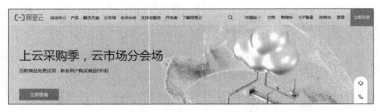

图2-11　阿里云首页

3．西部数码

西部数码的服务包括域名注册、域名交易、虚拟主机、云服务器、企业邮箱、主机租用、主机托管、CDN网站加速、网络营销服务等，其首页如图2-12所示。

图2-12　西部数码首页

二、选择网站服务器的类型

常用的网站服务器类型主要有虚拟主机和云服务器两种。虚拟主机是一种发展了较长时间的技术，随着技术的不断成熟，其价格也逐渐降低，成为众多中小企业网站和个人网站的首选。近几年，随着云计算的出现，衍生出了云服务器。这时，很多企业便不知是选择技术比较成熟的虚拟主机，还是选择新兴的云服务器。下面就先对虚拟主机和云服务器的区别进行介绍，然后说明二者如何选择。

1．虚拟主机与云服务器的区别

虚拟主机主要利用虚拟技术将一台物理服务器划分成多个虚拟服务器，其关键技术在于：即使在同一个硬件、同一个操作系统上运行着多个用户打开的不同的服务器程序，它们也互不干扰，并且每一台虚拟主机的表现和独立主机并没有什么差别。但是虚拟主机也有缺点，由于是多个用户共享一台服务器，所以其访问速度及流量会受到一定的限制。

云服务器又称云主机，是一种简单高效、安全可靠、处理能力可弹性伸缩的计算服务。云服务器具有独立的带宽和IP地址，用户可以根据需求自主安装各种操作系统和配置相应的运行环境，可以按需购买，升级也比较灵活。此外，云服务器还提供双重备份功能，这使网站数据更加安全。

2. 虚拟主机与云服务器的选择

虚拟主机与云服务器是两种不同类型的网站空间，企业应当参考自身网站的特点进行选择。

- 如果网站暂时不能带来收益且预算成本较低，则建议选择虚拟主机，因为虚拟主机价格较低，是中小企业网站和个人网站的首选。
- 在安全防护方面，云服务器要优于虚拟主机，如果企业对安全性要求较高，则可以选择云服务器。
- 虚拟主机的软件配置，以及防病毒、防攻击等安全措施都由专业服务商提供，相应服务通常只需要几分钟的时间就可以开通，网站建设的效率非常高。因此，如果缺乏技术人员，则可以选择虚拟主机。
- 虚拟主机性能限制比较严，如流量限制、空间限制等。当网站发展到一定规模后，其性能就会成为网站发展的障碍，而云服务器可以在不断网的情况下很灵活地升级带宽、空间大小、CPU、内存等。如果企业预算充足，网站规模较大，则可以选择云服务器。

三、网站服务器对SEO的影响

购买网站服务器之前，还需要了解网站服务器的速度、稳定性和功能对SEO的影响，避免造成搜索引擎收录网页数量过少或网站被搜索引擎删除等情况。

1. 网站服务器速度对SEO的影响

网站服务器的速度会影响搜索引擎对网站页面的收录效率。每个网站在搜索引擎中都有一个权重，搜索引擎会根据网站权重分配一个与之对应的抓取总时间，网站权重越高，分配的时间就越长。如果网站速度比较慢，搜索引擎抓取一个网页的时间就会很长，抓取网页的数量就会减少，这样就会影响网站网页的收录数量。因此可以看出，网站服务器的速度将直接影响SEO的效果。此外，网站服务器的速度还会影响用户体验，试想一下，如果用户挑选了一个产品准备下单，但是网页打开速度过慢，影响了用户的心情，那么这笔订单很可能会因此被取消。

2. 网站服务器稳定性对SEO的影响

如果网站服务器不稳定且经常停机，则会导致网站无法被访问，网络蜘蛛也无法进入网站内部爬行网页，更不能抓取。这样不但无法及时更新网页内容，而且会让搜索引擎认为网站已经关闭。如果网站经常无法访问，则应及时更换网站服务器提供商。

3. 网站服务器功能对SEO的影响

SEO时经常需要设置网站服务器的一些功能，但是某些网站服务器（主要是虚拟主机）并不支持这些设置，从而导致无法优化。因此，购买网站服务器时，需要了解网站服务器是否具备以下功能。

（1）404页面功能。用户访问一个网页时，如果服务器无法找到该网页，就会产生

404错误。404错误通常是由网页URL生成规则发生改变、网页文件更名或位置变动、导入链接拼写错误等情况导致的。

如果网站服务器不具备404页面功能，在发生404错误时浏览器将提示该网页无法显示或显示"404 Not Found"等信息，如图2-13所示，此时用户就只能关闭网页。

如果网站服务器具备404页面功能，就可以设置一个网页作为404页面，当发生404错误时，浏览器会打开设置的404页面。在404页面中提供一些导航链接，以便用户能够浏览网站的其他网页，也可以提供一个搜索框让用户可以搜索他们需要的信息，从而找到他们想要的内容。图2-14所示为腾讯视频的404页面，在该页面中可以通过单击Logo或其他按钮跳转到相应的网页，或在搜索框中输入要搜索的内容进行搜索。

图2-13 404错误

图2-14 腾讯视频的404页面

（2）网站日志下载功能。网站日志是用来记录Web服务器接收到的处理请求，以及运行时出现的错误等各种原始信息的文件，其扩展名为.log。如果网站服务器具备网站日志下载功能，SEO人员就可以下载网站日志文件，并通过分析网站日志文件了解用户对网站的访问情况，包括用户访问时间、IP地址、请求的页面、浏览器类型、超文本传送协议（Hyper Text Transfer Protocol，HTTP）响应状态码等。

- 通过分析网站日志文件可以了解用户访问网站的情况，包括访问量、页面浏览量、访问时段等信息，可以分析和评估网站流量。
- 通过分析网站日志文件可以了解用户访问的路径、浏览时间、转化率等信息，进而了解用户的行为和兴趣，为网站的优化和改进提供依据。
- 通过分析网站日志文件可以了解网络蜘蛛的访问情况，如页面访问频率、访问时间等，从而了解搜索引擎对网站的评价，为SEO提供依据。
- 通过分析网站日志文件可以了解网站的安全情况，如攻击行为、异常访问等，可以及时发现并处理潜在的安全风险。
- 通过分析网站日志文件可以了解网站出现问题的原因和位置，如服务器错误、网页访问失败等，从而及时排查和解决问题。

（3）301跳转功能。301跳转是一种常用的自动跳转技术，也是非常可行的一种方法。它可以将旧网址永久性地转移到新网址上，并告诉浏览器和搜索引擎这个网页已经永久性地转移到了另一个地址。这种跳转方式被广泛接受，因为它可以将旧网址的权重和排名等信息传递到新网址上，对SEO非常有利。此外，301跳转还可以有效避免死链问题，提高网站的用户体验。

![图标] **课堂实训** ● ● ● ●

【实训背景】

爱宠宠物是一家专业的宠物用品零售连锁企业，致力于为客户提供高品质、多元化的产品与服务。爱宠宠物的产品矩阵极为丰富，涵盖狗、猫、鼠、兔、鸟等类型宠物的用品。

爱宠宠物准备在互联网上销售宠物用品，为便于销售，决定建设爱宠宠物网。为了使网站在搜索引擎中获得更好的排名，爱宠宠物需要选择适合SEO的域名和网站服务器。

【实训要求】

（1）为爱宠宠物网选择合适的域名。

（2）为爱宠宠物网选择合适的网站服务器。

【实施过程】

步骤 01 ▶ 进入阿里云首页，注册登录后，单击"域名注册"栏下的 查看详情 按钮，如图2-15所示。

步骤 02 ▶ 在打开页面的域名文本框中输入要注册的域名"icpetshop"文本，这个域名由"爱宠"的汉语拼音的首字母"ic"、"宠物"的英文"pet"和商店的英文"shop"组成，表意明确，便于用户记忆，如图2-16所示。单击 查询域名 按钮。

图2-15　单击"查看详情"按钮　　　　　　　图2-16　查询域名

步骤 03 ▶ 在打开的页面中可以看到"icpetshop.com"还没有被注册，单击该域名后面的 加入清单 按钮将该域名添加到域名清单，单击 域名清单 ❶ 按钮，如图2-17所示。

图2-17　添加到域名清单

步骤 04 ▶ 打开"域名清单"列表，单击 立即购买 按钮，如图2-18所示。

步骤 05 ▶打开"确认订单"页面，在其中设置域名的购买年限和域名信息，并选中"我已阅读，理解并接受"复选框，然后单击 立即购买 按钮，如图2-19所示，在打开的"支付"页面中支付款项后，即可完成域名的注册。

图2-18 域名清单　　　　　　　　图2-19 "确认订单"页面

步骤 06 ▶在页面上方的搜索框中输入"虚拟主机"文本，如图2-20所示，再单击 搜索 按钮。

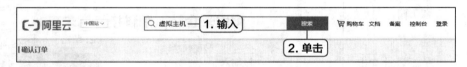

图2-20 搜索"虚拟主机"

步骤 07 ▶在打开的页面中单击 产品详情 按钮，如图2-21所示。

步骤 08 ▶在打开的页面中向下滚动到"产品功能"板块，在其中的"主机管理"栏和"环境设置"栏中可以看到阿里云的虚拟主机支持网站日志下载、301重定向和404错误页面功能，如图2-22所示。

图2-21 单击"产品详情"按钮

图2-22　查看产品功能

步骤09 ▶向上滚动页面到"产品规格"板块，单击"独享标准增强版"下的 立即购买 按钮，如图2-23所示。

图2-23　单击"立即购买"按钮

步骤10 ▶在打开的页面中可以对服务器的配置做更详细的调整，完成后单击"当前配置"栏中的 立即购买 按钮，如图2-24所示。

步骤11 ▶打开"确认订单"页面，选中"我已阅读，理解并接受"复选框，然后单击 立即购买 按钮，如图2-25所示，在打开的"支付"页面中支付款项后，即可完成网站服务器的购买。

图2-24 "当前配置"栏

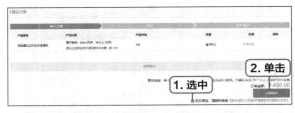

图2-25 "确认订单"页面

课后练习

一、单选题

1. 不同的域名有不同的含义，下列选项中，属于国际域名的是（　　）。
   A. .cn   B. .com
   C. .net.cn   D. .com.cn

2. 下列选项中，权重最高的域名是（　　）。
   A. .gov   B. .gov.cn
   C. .com   D. .edu

3. 下列关于域名的选择，说法错误的是（　　）。
   A. 域名要短小易记   B. 可以使用较为独特的域名后缀
   C. 最好与网站名称相同   D. 不要和其他域名混淆

二、判断题

1. 购买二手域名时，不需要了解域名的买卖历史，因为网站需要重新创建，所以买卖历史不会影响新网站的权重。　　　　　　　　　　　　　（　　）

2. 如果网站服务器的速度比较慢，则对大型和小型网站都会有很大的影响。
   　　　　　　　　　　　　　　　　　　　　　　　　　　　　　（　　）

三、简答题

1. 简述进行SEO时需要对网站服务器进行哪些功能设置。

2. 简述虚拟主机与云服务器的区别。

3. 简述网站服务器稳定性对SEO的影响。

四、操作题

1. 使用爱站网查询鲁班到家网站的SEO数据。

2. 川农果业是四川省一家经营水果的企业，请为其网站选择一个合适的域名。

项目三 优化网站关键词

·项目背景

　　SEO人员优化关键词，可以使企业网站在搜索引擎中获得更好的排名，为网站带来更多的流量，从而吸引更多潜在用户，促进商业交易的进行，最终实现网络化营销。本项目将通过佳美馨装饰网的关键词优化，系统介绍优化网站关键词的方法，以提高网站在搜索引擎中的排名，引进更多流量。

知识目标

- 熟悉关键词的类型和优化关键词的作用。
- 掌握选择关键词的方法。
- 掌握布局关键词的方法。

技能目标

- 能够为网站选择合适的核心关键词、次要关键词和长尾关键词。
- 能够预测关键词的波动趋势。

素养目标

- 培养文明互动、理性表达的良好习惯。
- 培养协调工作及组织管理的能力。
- 遵守法律法规，不发布虚假信息。

任务一 认识关键词

关键词优化是SEO过程中非常重要的一环，因此佳美馨装饰网的SEO人员在完成SEO的前期准备工作之后，需要对网站关键词进行优化。SEO人员为了能够更好地完成此项任务，决定先回顾关键词的定义、分类，以及优化关键词的作用等基本知识。

一、关键词的定义

关键词源于英文单词"keyword"。在SEO领域，关键词是指用户为了查询某类相关信息（如产品、服务、企业等），在百度等搜索引擎的搜索框中输入的一段文本。关键词可能是一个词语、一个短语或者一个句子。搜索引擎会将较长的关键词拆分为多个较短的关键词，图3-1所示为在百度中搜索"小户型装修案例"关键词所得到的结果。

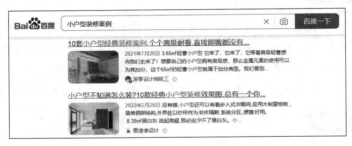

图3-1　关键词搜索结果

二、关键词的分类

在整个SEO过程中，关键词的选择非常关键，SEO人员首先要明确关键词的分类，这样才能根据网站的特性来筛选、布局和优化关键词。关键词的分类方法多种多样，不同类型的网站适合的方法不同，主要有以下4种。

1. 按热度分类

关键词的热度主要是指最近一段时间内关键词的总搜索量。一般而言，关键词的搜索量越大，其热度就越高；搜索量越小，热度就越低。按照关键词的搜索量，可以将关键词分为热门关键词、普通关键词和冷门关键词。

- **热门关键词**：热门关键词是近期非常受欢迎的关键词，如热门电视剧、热门事件等。一般来说，此类关键词的竞争强度较大，很多大型网站也会参与竞争。网站通过热门关键词获得了更好的排名，就可以为网站带来可观的流量，但相应地也会消耗大量的精力和资源。

- **普通关键词**：普通关键词是指拥有一定搜索量，并且搜索量在热门关键词与冷门关键词之间的关键词，如"图书出版""卧室装修""钢琴培训"等。此类关键词的竞争强度不大，但细分程度高、精确度高、覆盖面广。网站通过优化普通关键词也能够获得大量的流量，因此普通关键词往往是许多网站的选择。

- **冷门关键词：** 冷门关键词是指搜索量较小的关键词，通常涉及一些比较专业的领域，如"怎么设置局域网共享文件夹""软文发布技巧"等。这些关键词的搜索量相对偏低，但词汇量相对较大，而且用户的目标也很明确。一个冷门关键词或许不会给网站带来太多的流量，但如果网站内容足够丰富，就可以在网站中设置大量的冷门关键词，综合下来也可以为网站带来比较可观的流量。

专家指导

新创建的网站建议多选择一些普通关键词和冷门关键词。热门关键词虽然搜索量很大，但用户搜索的目的性不强，搜索不够精准，不容易产生转化；而普通关键词和冷门关键词虽然搜索量不是很大，但是用户搜索的目的性很强，搜索很精准，而且竞争强度也相对较小。

2. 按重要程度分类

按重要程度可以将关键词分为核心关键词、次要关键词和长尾关键词3类。

- **核心关键词：** 核心关键词是指能够将网页的主题表达出来的关键词，网站的内容也是以这些关键词为核心展开。核心关键词通常包含2~4个字，如"咖啡""运动鞋""装修设计"等。核心关键词的竞争比较激烈，但也能带来很大的流量。

- **次要关键词：** 次要关键词是核心关键词的扩展词，重要程度仅次于核心关键词。核心关键词主要放置在网站首页的标题和描述中，而次要关键词主要放置在各个栏目页的标题和描述中。

- **长尾关键词：** 长尾关键词的字数较多，描述也很具体，通常由多个关键词组成，如"小户型室内装修设计""咖啡的好处与坏处"。此类关键词的搜索量相对较小，但更加精准，用户的目的明确，而且没有太激烈的竞争。

3. 按相关度分类

按关键词与企业的相关度分类，可以将关键词分为品牌词、品类词（产品词）和人群词3类。

- **品牌词：** 品牌词是指网站的专有品牌名称或者企业名称。每一个网站都要创建一个属于自己的品牌词，这样有利于网站后期的品牌推广。

- **品类词：** 品类词是指网站的主营产品或者主营服务的关键词，如"化妆品""数码相机""婚纱摄影"等。

- **人群词：** 人群词是指目标用户群体所表现出的主流兴趣点，如培训机构、招聘机构的人群词可以采用"大学生毕业做什么好""哪些工作发展前景较好"等。

4. 按搜索目的分类

按用户的搜索目的分类，可以将关键词分为导航类关键词、交易类关键词和信息类关键词3类。

- **导航类关键词：** 导航类关键词是指某个特定网站的关键词，如网站的名称。用户非常明确自己想要访问的网站，只是不知道网址或者懒得输入，而直接在搜索引擎中输入导航类关键词，在搜索结果中排在第一的通常就是用户想访问的网站，如"京东""天猫""QQ邮箱"等。

- **交易类关键词：** 交易类关键词是指体现出明确购买意图的关键词，如"华为手机价格""二手平板电脑"等。交易类关键词具有很高的商业价值，用户在搜索这类关键词时，通常已经有了很明确的购买意向，只是在寻找合适的产品，这时如果能够吸引用户访问网站，就很可能达成交易。

- **信息类关键词：** 信息类关键词是指用户为了寻找某种信息而输入的关键词，这类关键词没有明确的购买意图，也不指向特定的网站，如"手机背景图片""装修报价明细表"等。这类关键词的搜索量非常大，也是绝大部分网站参与竞争的一类关键词。

三、优化关键词的作用

优化关键词的作用主要体现在以下3个方面。

- **提升用户体验：** 不同的行业、不同的用户群体在搜索相关的信息时使用的关键词都会有一定的规律。优化关键词可以使用户在更短的时间内搜索并浏览到所需内容，这样在满足用户需求的同时也会增加用户访问网站的概率，从而增加网站的流量，留住更多用户。

- **提高网站在搜索引擎中的排名和流量：** 互联网中存在海量的信息资源，并存在很多非常相似、可以相互替代的内容。用户通常在搜索结果的第一页就能找到自己所需的信息，而通过关键词优化，可以提高网站的排名，这样在用户搜索关键词时，网站就可以被优先看到并访问，网站的流量进而提高。

- **提高网站的知名度：** SEO人员通过关键词优化，可以提高网站的知名度。当网站具有一定的知名度后，在营销某产品或发布新产品等时，都能够迅速吸引用户访问，从而提高网站的流量和转化率。

任务二 选择关键词

关键词的优化并非一朝一夕之功，必须制定出一套合适的关键词优化策略，并且要循序渐进。关键词优化的第一步是选择关键词，佳美馨装饰网的SEO人员在充分了解关键词的选择原则和分析关键词竞争度的方法后，为网站选择出了合适的核心关键词、普通关键词和长尾关键词。

一、关键词的选择原则

选择关键词是SEO的一个重要环节，但是在实践过程中，许多SEO新手往往会根据自己的偏好进行选择，而忽视了用户的使用习惯和需要。所以，SEO人员在关键词的选取上要谨慎，要遵循相应的选择原则。

1. 关键词应与网站内容相关

每个关键词都是为网站服务的，因此，SEO人员在选取关键词时，必须把关键词和网站的内容联系起来。若选取的关键词与网站的内容无关，网站的内容就与用户要搜寻的信息没有任何关系，即使用户访问了网站，也会因为没有找到想要的信息而立刻退出，并且之后可能再也不会访问该网站。

2. 核心关键词不能太宽泛

核心关键词不能太宽泛，如"学校""电子商务""新闻"等。这些关键词往往具有很强的竞争度，优化难度也很大，为了长期保持较高的排名，网站需要投入大量的人力、物力和资金。此外，过于宽泛的关键词无法精确地配合用户的搜寻意图，且转换率也较低。总之，选择的核心关键词要具有精准性和针对性，而且要能直接突出网站的主题。

3. 核心关键词不能太特殊

核心关键词不能太特殊。如果关键词太过特殊，那么即使竞争度很小，也很少有用户去搜索。通常，企业名称、品牌名称、产品名称、地名等都是特殊关键词。例如"成都×××房地产有限责任公司"就过于特殊了，就算是很有名的企业，也很少有用户会用企业的全称来进行搜索，更别说那些没听说过企业名字的新用户了。

4. 站在用户的角度思考

很多SEO人员在选择关键词时，都是基于自己的主观想法进行选择。这种方式产生的关键词很有可能因为过于专业而与用户的搜索习惯不符。所以SEO人员要从用户的视角出发，通过调查和分析网站数据，了解用户的搜索习惯，最后确定所需的关键词。

5. 选择搜索量大、竞争度小的关键词

竞争度在关键词的选择上非常重要，竞争度越小的关键词，越容易被优化，也越容易取得更好的排名。SEO人员应尽量选择搜索量大、竞争度小的关键词。但在实际工作中，这样的关键词并不容易找到，大部分搜索量大的关键词往往竞争度也比较大。关键词挖掘、扩展工具可以帮助SEO人员查询关键词搜索量、竞争度等信息，可以有效地筛选出搜索量大、竞争度小的关键词。

6. 选择商业价值高的关键词

不同的关键词具有不同的商业价值。例如，搜索"投影仪的原理与结构"的用户的购买意愿就比较弱，因此该关键词的商业价值不高，因为用户可能只是想了解投影仪的相关知识；而搜索"如何选择投影仪"的用户通常有很强的购买意愿；而搜索"投影仪购买"和"投影仪价格"的用户的购买意向则非常明显，这样的关键词的商业价值很高，如果网站再适时推出一些促销活动，则很有可能会促成交易。

二、关键词的竞争度分析

一个好的关键词能够给网站带来许多流量，但同时也意味着这个关键词的竞争度较

大，优化难度也较高。因此，SEO人员在选择关键词时还必须分析关键词的竞争度。下面给出几个用于判断关键词竞争度的依据。

1. 搜索结果数

搜索结果数是指用户通过搜索引擎搜索某个关键词之后，在搜索结果页面中所显示的搜索结果数量。例如，在百度中搜索"家装公司"和"家装公司十大排名"关键词所得到的搜索结果数分别为约100 000 000个和约2 270 000个，如图3-2所示。

 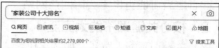

图3-2　搜索"家装公司"和"家装公司十大排名"关键词所得到的搜索结果数

这个搜索结果数是搜索引擎经过计算，认为与所查询的关键词相关的所有结果数量，也就是参与这个关键词竞争的所有结果数。显然，搜索结果数越大，该关键词的竞争度也越大。搜索结果数与关键词竞争度大小的关系如表3-1所示。

表3-1　搜索结果数与关键词竞争度大小的关系

搜索结果数（n）	关键词竞争度
$n<10$万	关键词的竞争度很小，可以轻松地获得很好的排名。权重高的域名适当地优化网页也可以迅速获得较好的排名
10万$\leq n<100$万	关键词的竞争度一般，说明该关键词的优化有一定难度，需要一个质量和权重都不错的网站才能竞争到较好的排名
100万$\leq n<1000$万	关键词的竞争度较大，为热门关键词，优化后将网站排名提升到前几位的可能性很小，需要坚持扩展内容，建立外部链接，并获得一定的权重
$n\geq 1000$万	关键词的竞争度很大，这类关键词通常是行业通用名称，使用这类关键词只有大型网站、权重高的网站才能获得好的排名

🎓 专家指导

搜索关键词时，关键词可以加双引号，也可以不加双引号。双引号表示完全匹配，因此加双引号的搜索结果数通常比不加双引号少，但起到了缩小搜索范围、使结果更加精确的作用。百度的搜索结果数上限为1亿，如果某些关键词的搜索结果数达到上限，就无法进行比较，需要添加双引号缩小范围，再进行比较。

2. intitle结果数

intitle指令是搜索引擎的高级搜索指令，通过该指令可以获取网页标题中包含指定关键词的网页数量，即intitle结果数。intitle结果数可以用来判断关键词的竞争度，intitle结果数越大，竞争度越大。

例如，在百度中分别搜索"装修风格效果图"和"intitle:装修风格效果图"，返回的搜索结果数分别如图3-3和图3-4所示。

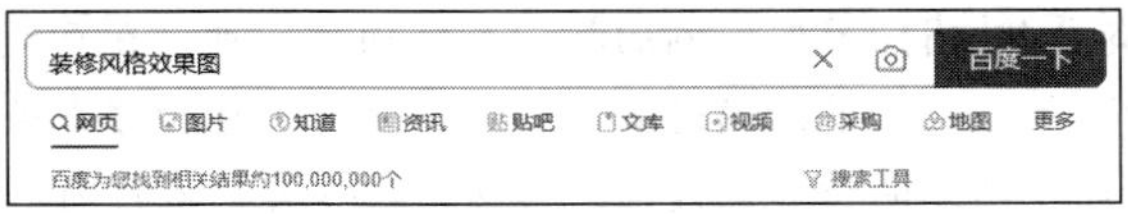

图3-3 搜索"装修风格效果图"关键词返回的搜索结果数

图3-4 搜索"intitle:装修风格效果图"关键词返回的搜索结果数

从返回的搜索结果数可以很直观地看出：两次搜索返回的网页数量相差巨大，含有关键词"装修风格效果图"的网页数量已经达到上限1亿个；而网页标题中包含关键词"装修风格效果图"的网页数量则约为28 000 000个。

由此可以看出，有大量的网站没有在网页标题中包含指定关键词，所以这部分网页很有可能只是在网页内容中偶尔提到该关键词，并没有针对该关键词进行优化，在进行关键词优化时可直接排除这部分网页。这也说明，只有标题中出现指定关键词的网页才真正值得关注。

3. 搜索结果页面广告数

在搜索引擎中搜索某些关键词时，搜索结果页面中会包含一些广告，广告是一种付费推广方式，这也说明这些关键词能够帮助企业获得更大的利益，具有非常大的商业价值。

SEO人员可以数一下搜索结果页面中的广告数量，一个关键词的广告数越多，就说明愿意为它付费的企业越多，因而其竞争度也就越大，具体如表3-2所示。

表3-2 搜索结果页面广告数与竞争度大小的关系

搜索结果页面广告数（n）	竞争度
$n=0$	小
$1 \leqslant n < 3$	较小
$3 \leqslant n < 6$	中等
$6 \leqslant n < 10$	大
$n \geqslant 10$	很大

三、选择核心关键词

核心关键词是经过关键词分析确定下来的网站主要的关键词，通俗地讲，用户搜索量最大、最能带来精准用户的关键词（如网站的主营产品、主要服务项目等）就是核心关键词。核心关键词与网站的内容息息相关，在确定网站的主要内容和主营方向后，就可以通过一些方法选出核心关键词，下面介绍两种选择核心关键词的方法。

- **自我分析：** 网站的所有工作人员一起对网站的定位与用户进行分析与探讨，在此期间，可以思考"我们的网站可以为用户解决什么问题""用户在面对此类问题时，会使用什么关键词进行搜索""如果自己是用户，又会使用怎样的搜索关键词"等问题。最后，选出20个以上的关键词作为备选的核心关键词。

- **分析竞争对手网站：** 确定网站的核心关键词时，可以在百度或其他搜索引擎中查询竞争对手的网站，然后通过查看网站首页源文件的方式来分析。这样可以快速了解竞争对手网站的核心关键词，为网站核心关键词的确定提供参考依据。

案例 3-1　选择佳美馨装饰网的核心关键词

微课视频：选择
佳美馨装饰网的
核心关键词

步骤 01 ▶ 自我分析：佳美馨装饰网的主要业务是室内装修设计，所以围绕"室内装修"这个关键词，并经过分析与探讨，得到如下关键词作为备选的核心关键词。

装修	家装	装修网	家装平台	室内装修	家装设计	家居装修	装修设计
全屋家装	室内设计	室内装饰	装修公司	装饰公司	房子装修	二手房装修	
新房装修	室内设计	装修网站	家庭装修	家居装饰	装修设计公司		

步骤 02 ▶ 分析竞争对手：打开某竞争对手网站首页的源代码，通过标题、描述和关键词的内容得知其核心关键词有"装修""家装""家装设计""家居装修""装修设计"等，如图3-5所示。

```
<meta name="keywords" content="装修,家装,家装设计,家居装修,装修设计,全屋家装,室内设计,室内装饰,装修公司,装饰公司,房子装修,二手房装修,新房装修">
<meta name="description" content="土巴兔装修网是一个互联网家装平台，提供新房、二手房、工装等各类型房屋室内设计装饰全包、半包以及全屋定制服务的装修网站，包括家居装修案例展示，室内装修设计，还汇聚了优秀的装修设计公司和设计师。">
<meta property="qc:admins" content="11563036626470476375" />
<meta property="update_time" content="2023-01-28T06:53:31">
<meta name="mobile-agent" content="format:html5;url=https://m.to8××.com">
<meta name="" content="true">
<link rel="canonical" href="https://www.to8××.com/"/>
<link rel="shortcut icon" href="/favicon.ico">
<title>土巴兔装修网-家居室内装修设计_全屋家装设计_装修装饰公司</title>
```

图3-5　竞争对手网站首页的源代码

步骤 03 ▶ 选择核心关键词：通过参考多个竞争对手网站的核心关键词，并结合自身的实际情况，从备选的核心关键词中选出如下关键词作为佳美馨装饰网的核心关键词。

装修	家装	室内装修	家装设计

四、选择次要关键词

次要关键词是核心关键词的扩展，其选择方法与核心关键词类似，如自我分析、分析竞争对手网站等。核心关键词的扩展方法不同，得到的次要关键词就会有所不同。下面介绍几种核心关键词的扩展方法。

- **利用不同形式的变体来扩展：** 扩展关键词时，可以通过关键词的同义词、相关词、简写等不同形式的变体来扩展关键词。例如，"计算机"和"电脑"、"网站建设"和"网页设计"、"北京大学"和"北大"、"人工智能"和"AI"等。在一个网页中同时包含关键词及其扩展关键词，不仅可以提高网页的相关性，还能使用户不管搜索哪一个关键词都能访问网页。
- **利用补充说明文字来扩展：** 扩展关键词时，可以为其添加各种不同的补充说明文字。例如，加上地名，可以使"旅游"扩展为"云南旅游""四川旅游"；加上品牌名可以使"运动鞋"扩展为"特步运动鞋""安踏运动鞋"等。

- **利用搜索引擎来扩展**：搜索引擎的"搜索建议"下拉列表、"大家还在搜"和"相关搜索"栏可以用来分析用户需求，其中的关键词也可以作为网站关键词扩展的参考。

- **利用百度指数来扩展**：在百度指数的"相关词热度"栏中可以查看与当前关键词相关的关键词，并可用来扩展关键词。

- **利用"关键词挖掘"工具来扩展**：在互联网中，很多SEO网站都提供"关键词挖掘"工具，如爱站网和站长之家等，利用"关键词挖掘"工具来查询要扩展的关键词，就可以得到大量与之相关的关键词。

案例 3-2　选择佳美馨装饰网的次要关键词

微课视频：选择佳美馨装饰网的次要关键词

步骤 01 ▶利用不同形式的变体进行扩展：通过核心关键词"装修"的同义词、相关词扩展出"装饰""装修材料""装修公司"等关键词。

步骤 02 ▶利用补充说明文字进行扩展：为核心关键词"装修"添加不同的说明文字，扩展出"成都装修""上海装修""厨房装修""卧室装修""装修效果图""装修报价"等。

步骤 03 ▶利用"关键词挖掘"工具扩展关键词：利用爱站网的"关键词挖掘"工具查询核心关键词"装修"，在得到的搜索结果中寻找合适的关键词作为扩展后的关键词，如图3-6所示。

关键词挖掘	长尾词	相关词	下拉词	需求词		
装修 —〔1. 输入〕				查询 —〔2. 单击〕		

相关词推荐		下拉词推荐		需求词推荐	
关键词	指数	关键词	指数	关键词	指数
装修公司	81,505	装修公司	81,505	装修公司	81,505
装修房子全包价格一般多少	45,331	装修房子全包价格一般多少	45,331	演艺培训班	50,236
装修风格	17,647	装修风格	17,647	传奇3手游	44,309
房子装修	10,535	装修房子的步骤流程	6,494	装修公司哪里好	28,230
装修房子的步骤流程	6,494	装修公司全包	6,108	装修风格	17,647
离婚律师	5,628	装修设计软件	5,058	房子装修	10,535
历史趋势	查看更多	历史趋势	查看更多	历史趋势	查看更多

导出数据

长尾词挖掘

序号	关键词	PC/移动	长尾词数量	收录数	首页第1位	首页第2位	优化难度
1	装修公司	266 / 81239	0	1.0亿	家装公司-生活家装饰装修公司官...	装修公司 - 精选服务(44条) - 本地...	
2	装修房子全包价格一般多少	<50 / 45311	0	3980万	装修房子全包价格一般多少(明确...	装修房子全包价格一般多少?全国...	

图3-6　利用"关键词挖掘"工具扩展关键词

步骤 04 ▶利用搜索引擎扩展关键词：在百度中搜索核心关键词"装修"，在百度的"搜索建议"下拉列表、"大家还在搜"和"相关搜索"栏中寻找合适的关键词，如图3-7所示。

（a）"搜索建议"下拉列表

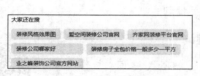

（b）"大家还在搜"栏　　　　　　　　（c）"相关搜索"栏

图3-7　利用搜索引擎扩展关键词

步骤05 利用百度指数进行扩展：在百度指数网站中搜索核心关键词"装修"，其中"相关词 搜索热度"栏中列出的是搜索热度排在前10的关键词，"相关词 搜索变化率"栏中列出的是搜索变化率排在前10的关键词，如图3-8所示，在其中寻找合适的关键词。

图3-8　利用百度指数扩展关键词

步骤06 选择其他核心关键词，再使用上述方法对其进行扩展，从得到的所有关键词中挑选出佳美馨装饰网的次要关键词，结果如下所示。

室内装修效果图	室内装修设计	家庭装修风格	别墅装修公司	装修门户
卧室装修效果图	旧房改造装修	室内装修材料	室内装修图片	新房装修
全屋家装设计	客厅装修	写字楼装修	二手房装修	装饰材料

五、选择长尾关键词

长尾关键词的选择方法与次要关键词的选择方法类似，只需要在扩展出的关键词中挑选出字数较多的关键词作为长尾关键词即可。此外，还可以将多个关键词进行组合，从而得到如"北京十大装饰公司""上海装修建材批发""成都室内装修报价"等长尾关键词。

SEO人员为佳美馨装饰网选择的长尾关键词如下。

装修房子全包价格一般多少	中国十大装修公司品牌	整装装修都包含什么
装饰材料都有哪些	装饰板材的种类和价格	室内装修效果图大全
小户型室内装修设计	室内装修合同范本	室内装修污染检测
小户型室内装修图片	室内装修污染治理	

任务三　布局关键词

在选择好关键词后，SEO人员需要将这些关键词布局在佳美馨装饰网中，并检测关键词的布局密度，最后，还需要预测关键词的波动趋势，为今后长期的关键词优化打下基础。

一、金字塔型布局

关键词的布局一般采用金字塔型布局，按照关键词的重要性将关键词分为塔尖、塔身和塔底3个层次，如图3-9所示。

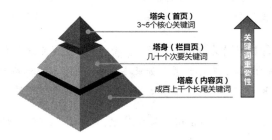

图3-9　网站关键词的金字塔型布局

- **塔尖**：塔尖用于放置网站的核心关键词，即流量大、转化率高、与品牌相关的关键词，核心关键词也是决定网站定位的关键词。SEO人员在布局核心关键词时，通常是在网站首页放置3~5个核心关键词。
- **塔身**：塔身用于放置次要关键词。通常情况下，次要关键词没有核心关键词的搜索量高，但是数量比核心关键词多，主要放置在网站的频道页或栏目页。
- **塔底**：塔底用来放置长尾关键词，一般放置在网站的内容页，如新闻、产品、文章的内容页或者产品详情页中。长尾关键词具有较低的访问量和竞争度，但数量众多，因此放置在权重低、数量多的内容页中更为合适。

二、在网页中布局关键词

一个网站中的关键词可以达到数百个甚至更多，所以在进行SEO时，不能将所有的关键词都集中在首页，而是要将这些关键词合理地分布在整个网站中，这样就可以均匀分布关键词，减少关键词的堆积，从而提高网站的收录量和访问量。

- **在网页标题中布局关键词：** 网页标题是通过<title>标签设置的，在其中布局关键词时，可以选择3～5个关键词，并按照重要性排列关键词，将重要的关键词放在前面，不重要的关键词放在后面，最后放置企业名称的简写，每个关键词之间用"_"或"|"等连接符隔开，总体长度尽量控制在30个汉字以内。另外，不要将所有网页的标题都设置成一样的，要根据网页的内容进行设置，如网站首页使用核心关键词，栏目页使用与该栏目相关的次要关键词，内容页使用长尾关键词（通常是文章的标题等）。例如，"佳美馨装饰网"首页的标题可设置如下。

<title>装修_家装_室内装修_家装设计_佳美馨装饰网</title>

- **在网页描述中布局关键词：** 网页描述是通过<meta name="description">标签设置的，在其中布局关键词时，需要写一段概括整个网页内容的语句，其用语应该通顺连贯，而不是简单地堆砌关键词，并且应尽可能地把标题中的关键词融入其中。网页描述长度尽量控制在80个汉字以内。例如，佳美馨装饰网首页的描述可设置如下。

<meta name="description" content="佳美馨装饰网是一家大型的装饰装修门户网站，提供全面的室内装修、家装设计服务，涉及设计、施工、主材、软装等多个领域，并为用户提供装修效果图、装修材料、家装、装饰、装潢等方面的信息。">

- **在网页关键词中布局关键词：** 目前，搜索引擎对网页关键词的关注度越来越小，且它对排名的影响不大，可不设置。如果要设置，则只需把标题中的关键词放到<meta name="keywords">标签中即可。例如，"佳美馨装饰网"首页的关键词可设置如下。

<meta name="keywords" content="装修,家装,室内装修,家装设计">

- **在网站导航中布局关键词：** 网站导航用于引导用户访问其所需要的信息。导航在每个网页都会出现，其内容主要是各个栏目及子栏目的次要关键词名称，如图3-10所示。

图3-10 在网站导航中布局关键词

- **在板块标题和文章标题中布局关键词：** 一个网站的页面会分为若干个板块，板块中也会显示若干文章的标题。SEO人员可以在这些板块标题及文章标题中布局关键字。板块标题中主要布局次要关键词，文章标题中则主要布局长尾关键词，如图3-11所示。

图3-11　在板块标题和文章标题中布局关键词

- **在网页底部布局关键词：** 网页底部通常都会设置友情链接、版权信息以及其他一些相关内容的链接，这个位置也是布局关键词的好位置，如图3-12所示。

图3-12　在网页底部布局关键词

- **在文章内容中布局关键词：** 想要网站有良好的排名，SEO人员一定要不断更新网站内容，定期发布一些新文章。在这些文章的内容页中可以布局很多关键词。图3-13所示为一篇文章的内容页，文章的各级标题中都布局了关键词"地板"，正文中也布局了关键词，并通过加粗、改变颜色等方式突出显示，图片的图注中也布局了关键词。

图3-13　在文章内容中布局关键词

三、分析关键词的密度

关键词密度用来度量关键词在网页中的比例，一般用百分比表示，关键词密度的计算公式如下。

> 关键词密度=关键词字符长度×关键词出现次数÷页面文本总长度×100%

例如，一个网页共有100个字符，而关键词是两个字符并在其中出现了5次，则该关键词的密度为2×5÷100×100%=10%。

在互联网中有很多网站提供"关键词密度查询"工具，如站长工具、爱站网等。图3-14所示为使用爱站网的"关键词密度查询"工具查询"装修"关键词在某装修网站首页的关键词密度的效果。

图3-14　查询关键词的密度

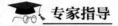 专家指导

> 一个网页上的关键词密度最好控制在2%～8%。关键词密度太低起不到优化效果，太高则有可能会被搜索引擎认为是在堆砌关键词，从而被认为是作弊，遭受处罚。

四、预测关键词波动趋势

用户的需求会随着时间而不断变化，因此关键词的搜索指数也会随之发生波动。这时，SEO人员可以使用百度指数来观察关键词的波动规律，从而预测关键词的波动趋势。如果能够先于竞争对手发现新的热门关键词，就可获得更大的竞争优势。

影响关键词波动趋势的因素有很多，下面介绍3种常见的类型。

- **热点事件：** 重点活动、突发事件、热门新闻、网络热点等相关的关键词，其搜索指数在短时间内会达到较高的值，但之后会逐渐降低，图3-15所示为"冰墩墩"和"雪容融"关键词的搜索指数在2022年北京冬奥会前后的变化情况。
- **节日、假期、周期性活动：** 节日（如春节、国庆节等）、假期（如寒暑假等）及周期性活动（如"3·15"晚会等）都会带动相应关键词的搜索指数周期性变化。图3-16所示为"月饼"和"嫦娥"关键词的搜索指数在2020—2022年的变化情况。

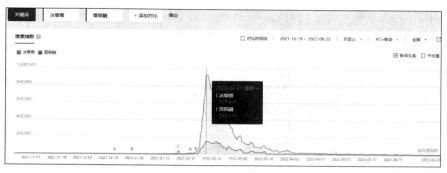

图3-15 "冰墩墩"和"雪容融"关键词的搜索指数

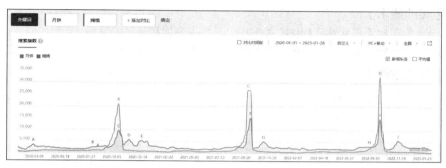

图3-16 "月饼"和"嫦娥"关键词的搜索指数

- **新兴事物：** 新产品、新科技、新思维等往往具有很大的潜力，谁能够先把握住这些新兴事物，就会有不小的收获。数字藏品这一新事物在2022年比较火热，其搜索指数在2022年居高不下，并在5月达到峰值，如图3-17所示。

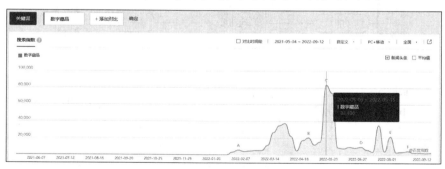

图3-17 "数字藏品"关键词的搜索指数

课堂实训

【实训背景】

千履千寻是一个专门经营国际知名品牌运动鞋的网站。网站上线以来相关关键词在搜索引擎中的排名较为靠后，网站访问量较低，为了解决这些问题，千履千寻决定对网站的关键词进行优化。网站的主营产品"运动鞋"的相关信息如表3-3所示。

表3-3 "运动鞋"的相关信息

项目	内容
主营品牌	361°、鸿星尔克、安踏、回力
运动鞋类型	休闲鞋、跑步鞋、篮球鞋、足球鞋、网球鞋
目标人群	男士、女士、儿童
功能	减震、透气、防滑、耐磨
鞋帮高度	低帮、中帮、高帮
服务	批发、包邮、保养、维修

【实训要求】

（1）为千履千寻网站选择核心关键词、次要关键词和长尾关键词。

（2）在千履千寻网站首页的标题、描述和关键词中布局关键词。

【实施过程】

步骤 01 通过对鞋类销售行业的了解以及网站的定位，以"运动鞋"为核心制作思维导图，如图3-18所示。

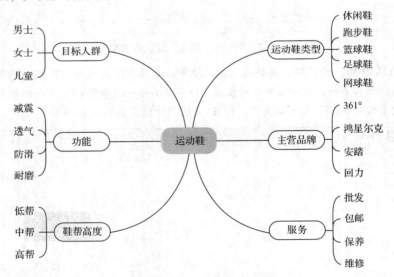

图3-18 思维导图

步骤 02 在百度中搜索"运动鞋"关键词，在弹出的"搜索建议"下拉列表中查看相关关键词，如图3-19所示。

步骤 03 单击 百度一下 按钮进行搜索，在搜索结果页面中的"大家还在搜"栏中查看相关关键词，如图3-20所示，在下方的"相关搜索"栏中查看相关关键词，如图3-21所示。

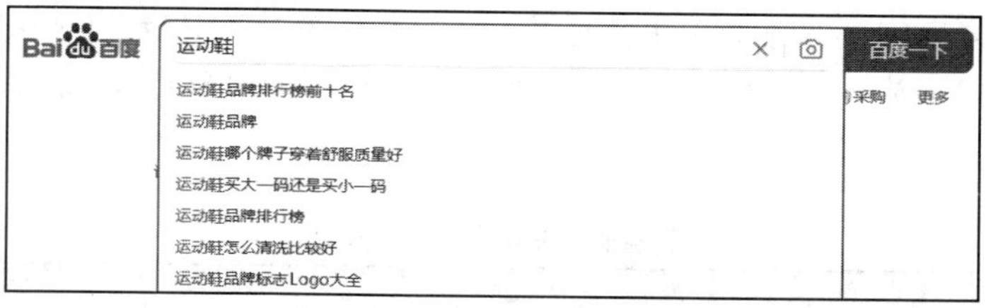

图3-19 "搜索建议"下拉列表

图3-20 "大家还在搜"栏

图3-21 "相关搜索"栏

步骤04 ▶ 打开竞争对手的网站，在其中查询可用的关键词，主要查看导航栏中各个栏目的名称、各个板块的名称等，如图3-22所示。

步骤05 ▶ 在空白位置单击鼠标右键，在弹出的快捷菜单中选择"查看源文件"命令查看网页的源代码，在网页标题、描述、关键词中查看相关关键词，如图3-23所示。

图3-22 查看竞争对手网站关键词

图3-23 查看网页源代码

步骤06 ▶ 打开其他竞争对手的网站，在其网页和源代码中查找所需的关键词。

步骤07 ▶ 在爱站网中使用"关键词挖掘"工具，在搜索框中输入关键词"运动鞋"，单击 查询 按钮，在查询结果中查看关键词，如图3-24所示。

图3-24 关键词挖掘

步骤08 从步骤01的思维导图中挑选其他关键词，然后重复步骤02～步骤07，最后从整理得到的关键词中确定出核心关键词、次要关键词和长尾关键词，如表3-4所示。

表3-4 关键词（部分）

关键词类型	关键词
核心关键词	运动鞋、跑步鞋、篮球鞋、足球鞋、网球鞋
次要关键词	361°运动鞋、鸿星尔克运动鞋、安踏运动鞋、回力运动鞋、男士运动鞋、女士运动鞋、儿童运动鞋、运动鞋品牌、男士高帮运动鞋
长尾关键词	运动鞋折扣店、福建运动鞋批发、运动鞋哪个品牌好、运动鞋品牌排名、正品运动鞋批发、卖正品运动鞋的网站、运动鞋如何除臭、运动鞋品牌排行榜前十名、怎么判断是不是运动鞋、公认穿着舒服的运动鞋

步骤09 使用Dreamweaver等网页编辑软件打开千履千寻网站首页源文件，在\<title>标签中输入"运动鞋_跑步鞋_篮球鞋_足球鞋_网球鞋_千履千寻"文本，在网页标题中布局关键词，如图3-25所示。

步骤10 插入一个\<meta>标签，并设置name的值为"description"，content的值为"千履千寻，专业运动鞋销售网站，主营361°、鸿星尔克、安踏、回力等品牌运动鞋。买运动鞋，上千履千寻。"，在网页描述中布局关键词，如图3-26所示。

图3-25 在网页标题中布局关键词　　　　图3-26 在网页描述中布局关键词

步骤11 再插入一个\<meta>标签，并设置name的值为"keywords"，content的值为"运动鞋,跑步鞋,篮球鞋,足球鞋,网球鞋"，在网页关键词中布局关键词，如图3-27所示。

图3-27 在网页关键词中布局关键词

 职业素养

SEO人员在优化网站时，应遵循国家的相关法律，网站中不得出现敏感词与极限词，如有违反，则可能会被搜索引擎降权或被相关部门处罚。

课后练习

一、单选题

1. 按重要程度可以将关键词分为核心关键词、次要关键词和（　　　）3类。
   A. 长尾关键词　　　　　　　　B. 普通关键词
   C. 热门关键词　　　　　　　　D. 冷门关键词

2. 关键词的热度主要是指最近一段时间内关键词的（　　　）。
   A. 总访问量　　　　　　　　　B. 总搜索量
   C. 总收录量　　　　　　　　　D. 总广告数

3. 下列选项中，关于核心关键词特点的描述，错误的是（　　　）。
   A. 核心关键词一般放置在网站首页的标题中
   B. 核心关键词在搜索引擎中每日都有稳定的搜索量
   C. 核心关键词一般由2～4个字组成
   D. 网站的主要内容围绕核心关键词展开

4. 下列选项中，对长尾关键词特点的描述错误的是（　　　）。
   A. 搜索量小　　　　　　　　　B. 竞争程度小
   C. 精准度高　　　　　　　　　D. 搜索频率很稳定

二、判断题

1. 长尾关键词一般由多个关键词组成，甚至是一句话。　　　　　　（　　　）
2. 选择网站关键词时，可以使用一些与网站关键词无关的热门关键词，从而为网站带来流量和转化。　　　　　　　　　　　　　　　　　　（　　　）
3. 热门关键词是指近期内搜索量比较大的关键词，很容易使网站获得较高的排名。　　　　　　　　　　　　　　　　　　　　　　　　　　（　　　）
4. 网站通过优化普通关键词也能够获得大量的流量。　　　　　　　（　　　）
5. 冷门关键词的搜索量偏低，但是关键词的量却比较大，用户目标也非常精准。
   　　　　　　　　　　　　　　　　　　　　　　　　　　　　　（　　　）

三、简答题

1. 简述影响关键词优化的因素。
2. 简述关键词的选择原则。

四、操作题

1. 利用站长工具网站中的"关键词挖掘"工具挖掘与关键词"家电"有关的关键词。
2. 利用百度指数分析"激光电视"关键词2023年的波动趋势。

项目四

优化网站结构

项目背景

　　优化网站结构是SEO的基本内容之一。一方面，合理的网站结构能够精准地传达网站的基本内容，以及展示内容之间的逻辑关系，有利于网络蜘蛛的爬行；另一方面，站在用户的角度去优化网站结构，能够使用户更快速地获取所需的信息，进而使网站获取更多的精准用户。本项目将通过优化佳美馨装饰网的网站结构，系统介绍优化网站结构的方法，从而达到提升用户体验，以及搜索引擎友好度的目的。

知识目标

- 掌握网站物理结构和链接结构优化的方法。
- 掌握避免常见的蜘蛛陷阱的方法。
- 掌握限定搜索引擎抓取范围的方法。
- 掌握URL优化的方法。

技能目标

- 能够生成robots.txt文件。
- 能够实现URL静态化。
- 能够设置301跳转。

素养目标

- 增强规则意识，不使用有作弊嫌疑的优化方法。
- 培养全局观念，提升网站整体结构分析和优化能力。

 **任 务 一 物理结构和链接结构优化**

佳美馨装饰网的内容较多，结构也较为复杂，包含家装中心、设计中心、建材中心、效果图、装修攻略、保障服务等多个板块，为了使网站能够更好地被搜索引擎收录，SEO人员决定对网站的物理结构和链接结构进行优化。

一、网站物理结构优化

网站物理结构是指网站文件夹，以及文件的真实存储位置所表现出来的结构。通常情况下，网站物理结构包含扁平结构和树形结构两种。

1. 扁平结构

扁平结构是指网站的所有网页都保存在根目录下。对这种结构的网站，网络蜘蛛的抓取效率高，只需要访问一次就能遍历网站中的所有网页，有利于网站的检索和排名的提升。扁平结构如图4-1所示。

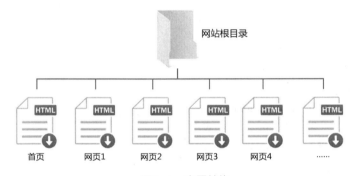

图4-1 扁平结构

扁平结构网站的URL通常为：

http://www.abc***123.com/index.html
http://www.abc***123.com/web1.html
http://www.abc***123.com/web2.html
http://www.abc***123.com/web3.html
http://www.abc***123.com/web4.html
……

扁平结构更适用于小型网站，这是因为大型网站的网页数量比较多，如果将大量的文件保存在网站根目录下，制作和维护都会非常麻烦，且容易造成混乱。另外，所有网页都保存在根目录下，在统计收录情况、流量时也不便于进一步分析。

2. 树形结构

树形结构是指将网站中的网页文件按照类别和从属关系保存到不同的文件夹和子文件夹中所表现出来的结构。树形结构网站类别、层次清晰，网页之间的隶属关系一目了然，方便管理和维护。搜索引擎在处理其内部链接时，也可以更加容易地传递网页权重。图4-2所示为网站的树形结构，这种结构适合内容类别多、容量大的综合性网站。

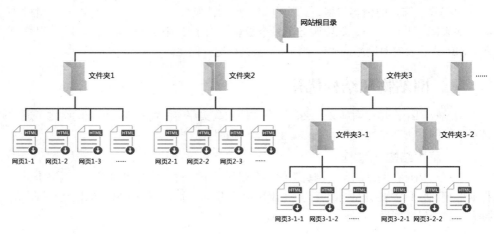

图4-2　树形结构

树形结构网站的URL通常为：

http://www.abc***123.com/folder1/web1-1.html

http://www.abc***123.com/folder1/web1-2.html

http://www.abc***123.com/folder1/web1-3.html

http://www.abc***123.com/folder2/web2-1.html

http://www.abc***123.com/folder2/web2-2.html

http://www.abc***123.com/folder2/web2-3.html

http://www.abc***123.com/folder3/folder3-1/web3-1-1.html

http://www.abc***123.com/folder3/folder3-1/web3-1-2.html

http://www.abc***123.com/folder3/folder3-2/web3-2-3.html

http://www.abc***123.com/folder3/folder3-2/web3-2-3.html

……

二、网站链接结构优化

链接结构又称逻辑结构，是由网站内各网页之间的链接所形成的网络结构。链接结构优化的基本要求就是有层次，一般情况下各网页之间的层次不应超过3层，图4-3所示为网站内部链接结构示例，其中的链接关系如下。

- 首页链接所有的栏目页。
- 首页一般不直接链接内容页，但有时会链接到需要特别推广的内容页，如内容页2-1。
- 所有栏目页链接到其他栏目页，通常以网页导航的形式出现。

- 栏目页都链接回首页。
- 栏目页链接本栏目下的所有内容页。
- 栏目页一般不链接其他栏目下的内容页。
- 内容页可以链接回首页，一般以导航的形式出现。
- 内容页链接所有栏目页，一般以导航的形式出现。
- 内容页可以链接同一个栏目中的其他内容页。
- 内容页一般不链接其他栏目中的内容页，但在某些特殊情况下，可以用适当的关键词链接到其他栏目中的内容页，如内容页1-2链接内容页2-1。

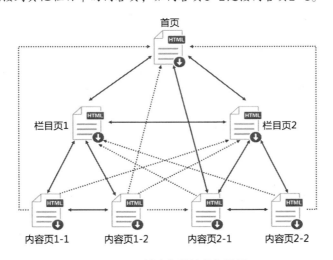

图4-3　网站内部链接结构示例

内部链接的这种交叉网状结构，一方面有利于引导网络蜘蛛的爬行，增加网站被收录的网页量；另一方面能够引导用户浏览网站中其他的网页，增加用户在网站中的停留时间和访问深度。

任务二　避免蜘蛛陷阱

佳美馨装饰网在制作网站时，为了增强网站的表现力，以及能够更好地和用户交互，需要使用各种网页制作技术。但为了确保网站SEO的效果，佳美馨装饰网的SEO人员决定采用对SEO没有影响的技术来制作网页，以避免陷入蜘蛛陷阱。

一、什么是蜘蛛陷阱

SEO人员在制作网站的过程中，经常会用到各种各样的网页制作技术，这些技术通常可以提升网页显示效果、增强网页交互性等，但有些技术会影响网络蜘蛛的爬行和网页的抓取，这些技术就是蜘蛛陷阱。

二、常见的蜘蛛陷阱

常见的蜘蛛陷阱主要有以下9种。

- **Flash：** Flash曾经是非常热门的网站设计技术，很多网页设计人员喜欢使用Flash制作网站首页、导航甚至整个网站。但是，由于网络蜘蛛既不能读取Flash中的文字以了解其内容，也不能抓取Flash中的链接而访问网站中的其他网页，因此Flash是一种蜘蛛陷阱，会严重影响搜索引擎对网站的抓取。另外，Flash是已经被淘汰的技术，绝大多数浏览器已经不再支持Flash。

- **Session ID：** 每个用户访问网站时，都会生成一个唯一的Session ID（会话标识），以区分不同的用户。有些网站为了分析用户的某些信息，会在网页的URL中增加一个Session ID来进行跟踪。网络蜘蛛每次访问这些网页时，由于URL中的Session ID不同，会把其当作一个新网页，这样，网络蜘蛛就会抓取到大量内容相同的网页，搜索引擎会认为网站中有大量的重复内容，从而限制网络蜘蛛的爬行。通常建议使用Cookies而非使用Session ID，或者是使用程序判断访问者是网络蜘蛛还是用户，如果是网络蜘蛛，则不生成Session ID。

- **JavaScript链接：** 有些网站为了实现一些更吸引人的视觉效果，使用JavaScript脚本来实现导航，这也是非常严重的蜘蛛陷阱。虽然搜索引擎对于JavaScript链接是可以跟踪、拆解和分析的，但是为了提高网站对搜索引擎的友好度，使网页能够更好地被网络蜘蛛爬行，最好使用简单的<a>标签来制作链接，尤其是导航系统。

 专家指导

> JavaScript链接也有特殊用途，如网页有不希望被搜索引擎收录或不希望传递权重的链接，就可以使用JavaScript脚本来实现。

- **动态URL：** 动态URL是指网页的URL是通过脚本程序动态生成的，其中包含"？""＝""&"等符号以及各种参数。目前网络蜘蛛抓取动态URL的网页已经没有任何问题，但是带有过多参数的动态URL还是不利于网络蜘蛛的爬行，也会影响用户体验，应尽量减少，或者是将动态URL转换为静态URL。

- **登录要求：** 有些网站需要注册、登录后才能访问网页，这些网页对于网络蜘蛛是不可见的，因为网络蜘蛛不会注册，更无法输入用户名和密码登录。对于可以公开展示的、不是仅限于会员才能访问的网页，就没必要设置为必须登录后才能访问。

- **各种跳转：** 有些网站，当用户访问其首页时，会自动跳转到其他网页。实现跳转的方法有很多，如302跳转、JavaScript跳转、Flash跳转、Meta Refresh跳转等。但很多时候，这种跳转是完全没有必要的，任何跳转都会在一定程度上给网络蜘蛛的爬行带来障碍。如果必须使用跳转，如网站更换了域名，为了使旧域名也能正常访问，就可以使用搜索引擎推荐的301跳转，这种跳转可以将旧网址的权重传递到新网址上，也有利于网络蜘蛛的爬行。

- **强制使用Cookies：** 有些网站为了实现某些功能，会采取强制使用Cookies的方式，如跟踪用户访问路径、记住用户信息，甚至盗取用户隐私信息等。如果用户在访问时没有启用Cookies，则网页将无法正常显示。而网络蜘蛛就相当于一个禁用了Cookies的浏览器，因此，网络蜘蛛也无法正常访问强制使用Cookies的网站。

- **框架结构：** 在早期的网站中，框架结构被大量使用，这是因为框架结构对网站网页的维护有一定的便利性。但框架结构非常不利于搜索引擎的抓取，这是因为使用框架结构制作的网页的主页面中只包含调用其他网页的代码，而没有任何文本信息，因此，搜索引擎无法判断网页的内容，不便于网络蜘蛛的爬行和抓取。虽然网络蜘蛛也可以抓取框架中嵌入的子网页，但这些网页通常都是不完整的，如只有正文，而没有导航等内容。

- **深层次的网页：** 有的网页距离网站首页很远，需要单击多个链接才能到达，这种网页很难被网络蜘蛛爬行到。网站中的网页要被搜索引擎收录，是需要有一定的权重的。网站首页的权重一般是最高的，然后权重通过链接传递到下一层网页；每向下传递一层，权重就会有所降低。当权重降低到一定程度后，就不会被搜索引擎收录。因此，内部网页和首页的距离越近，就越容易获得更多的权重，也就越容易被爬行和收录。

 职业素养

在网页中大量使用无意义的跳转，有欺骗用户和搜索引擎的嫌疑，所以SEO人员在优化网站时，应尽量避免使用除301跳转以外的任何跳转方式。

任 务 三 限定抓取范围

佳美馨装饰网中有一些不能公开展示的网页（如用户详情页、后台管理页等）或不重要的网页（如"关于我们"网页等），这些网页是不需要搜索引擎收录的。于是SEO人员决定限定搜索引擎的抓取范围，以使搜索引擎不收录这些网页。

一、使用robots.txt文件

robots.txt文件的作用是禁止网络蜘蛛爬行网站中的某些网页，当网络蜘蛛访问网站时，会首先检查该网站根目录下是否存在robots.txt文件，如果存在，则网络蜘蛛会按照文件中的内容来确定访问的范围；如果不存在，则网络蜘蛛将访问网站上的所有网页。

robots.txt文件是一个文本文件，可以使用任意文本编辑软件（如Windows系统自带的记事本）进行编辑。robots.txt文件通常以User-agent开始，后面跟若干行Disallow和Allow，最后还会有一行Sitemap，例如：

```
01  User-agent:baiduspider
02  Disallow:/folder1/index.html
03  Disallow:/folder2/
04  Allow:/folder2/index.html
05  Allow:/folder2/*?
06  Disallow:*.php$
07  Sitemap:http://www.abc**123.com/sitemap.xml
```

- **User-agent：** User-agent用于设置网络蜘蛛，后面Disallow和Allow中的设置将只对该网络蜘蛛有效，如01行表示后面的设置只对baiduspider（百度的网络蜘蛛）有效。在robots.txt文件中至少要包含一条User-agent记录。

专家指导

常见的网络蜘蛛名字如下。
Google蜘蛛：googlebot。 百度蜘蛛：baiduspider。 Yahoo蜘蛛：slurp。
Bing蜘蛛：bingbot。 Alexa蜘蛛：ia_archiver。 Altavista蜘蛛：scooter。

- **Disallow：** Disallow用于设置禁止访问的URL，例如，02行表示禁止访问"/folder1/index.html"。在robots.txt文件中，至少要有一条Disallow记录，否则"robots.txt"文件将没有任何效果，网站中的所有URL都可以被网络蜘蛛访问。

- **Allow：** Allow用于设置允许访问的URL。网站默认所有URL都是允许访问的，所以Allow通常与Disallow搭配使用，先用Disallow禁止访问某个文件夹中的所有URL，再用Allow来允许访问其中可以被访问的URL，如03行先禁止访问"folder2"文件夹下的所有URL，04行再允许访问"folder2"文件夹下的"index.html"文件。

- **Sitemap：** Sitemap用于设置网站地图文件的URL，网络蜘蛛会根据该URL找到网站地图文件。例如，07行表示网站地图文件的URL为"http://www.abc**123.com/sitemap.xml"。

- **通配符"*"：** 在robots.txt文件中可以使用通配符"*"，它表示任意长度的任意字符，如05行表示允许访问"folder2"文件夹下的所有带"?"的URL。

- **结束符"$"：** 结束符"$"表示URL结束，后面没任何字符，例如，06行表示禁止访问所有以".php"结尾的URL。注意这里不能直接写成"Disallow:/*.php"，因为如果不加结束符"$"，则".php"后面还可以跟任意字符，".php?id=001"".php?city=chengdu"等都会被禁止访问。

专家指导

互联网中很多工具都可以生成robots.txt文件，如站长工具网站中的"robots.txt生成"工具，如图4-4所示，通过这些工具可以很方便、快捷地生成robots.txt文件。

图4-4 "robots.txt生成"工具

二、使用meta robots标签

meta robots标签是一种用于指定网络蜘蛛如何处理网页的HTML标签。它可以用来控制搜索引擎是否可以索引网页内容，是否可以跟踪网页中的链接，以及是否可以显示网页快照等。meta robots标签的基本格式如下。

01 <meta name="robots" content="属性值">

以下是一些常用的属性值。

- **noindex：**搜索引擎不应该索引此网页的内容。
- **nofollow：**搜索引擎不应该跟踪此网页上的链接。
- **noarchive：**搜索引擎不应该创建此网页的存档版本。
- **nosnippet：**搜索引擎不应该显示此网页的缩略图或摘要。

例如，要指定搜索引擎不索引网页内容也不跟踪网页中的链接，可以在网页的头部添加以下meta robots标签。

01 <meta name="robots" content="noindex, nofollow">

三、使用nofollow属性

当一个网站链接到另一个网站时，通常情况下这个链接会被视为一种推荐，即搜索引擎会认为这个链接的存在意味着被链接的网站是受信任的或有价值的。然而，有时候一个网站链接到另一个网站并不意味着这个链接是一种推荐，如广告链接、付费链接、

非信任的外部链接等。

在这种情况下，为了避免对被链接的网站产生不良影响，同时保护自己的网站，就可以在超链接中使用nofollow属性，这样搜索引擎将不会把这个链接视为一种推荐，因此不会将链接的权重传递给被链接的网站。其具体代码如下。

```
01  <a rel="nofollow" href="url">链接文本</a>
```

专家指导

对于网站中不太重要的网页，也可以为指向这些网页的链接添加nofollow属性，降低这部分网页的权重，使权重向重要的网页集中。

任务四　URL优化

佳美馨装饰网的网址存在着大量的不规范URL和动态URL，这些都严重地影响了搜索引擎对网页的抓取和收录。为了解决这个问题，SEO人员决定对网站的URL进行优化，将动态URL静态化，以及将不规范URL规范化。

一、URL静态化

网站URL包括静态URL和动态URL两种，由于搜索引擎更加支持静态URL，所以需要对动态URL进行静态化处理。

1. 静态URL和动态URL的区别

静态URL是直接以网页文件名或文件夹名结尾的URL，如http://www.abc***123.com/news/index.html。而动态URL在网页文件名后还会有很多参数，在其中会包含"？""＝""＆"等特殊符号，如http://www.abc***123.com/news/index.html?date=20190812&newsid=321。

静态URL和动态URL除了形式上的区别外，网页内容的生成方式也有所不同，静态URL网页的内容是固定的，不会发生改变；而动态URL网页中的内容会根据参数的不同而改变。

2. 动态URL对搜索引擎的影响

动态URL可能会导致搜索引擎无法正确抓取和索引网站的内容，以下是一些可能的影响。

- **不确定的URL参数：**动态URL通常包含查询参数，这些参数可能会导致搜索引擎无法确定每个网页的内容。例如，如果一个网页的内容取决于查询参数中的日期范围，则搜索引擎可能会认为这个网页是动态的，而无法正确索引它。
- **URL过长：**由于动态URL包含多个参数，因此可能会变得非常长。如果URL太长，则搜索引擎可能会在抓取过程中遇到问题，从而无法正确索引网站的内容。

- **可能的安全问题：** 如果动态URL中包含用户输入的数据，如搜索关键字或其他表单数据，则可能存在安全问题。搜索引擎可能会尝试执行这些查询，并暴露敏感数据。

- **多个URL指向相同的内容：** 由于动态URL通常包含查询参数，因此可能会有多个URL指向相同的内容。这可能会导致搜索引擎认为网站有重复内容，从而降低排名。

3. 如何将URL静态化

最常见的URL静态化方法是通过服务器的URL重写功能，将动态URL转化为静态URL，这样用户和搜索引擎访问的就是静态URL，而在服务器端访问的还是原来的动态URL。

案例 4-1 使用 IIS 服务器实现 URL 静态化

下面使用IIS服务器将"product.php?category=skirt&color=blue&id=159"形式的动态URL转化为"product_skirt_blue_159.html"形式的静态URL。

微课视频：使用
IIS服务器实现
URL静态化

步骤 01 ▶ 下载并安装"URL重写"组件后启动IIS服务器，选择要进行设置的网站后双击 按钮启动"URL重写"功能。

步骤 02 ▶ 在"操作"栏中单击"添加规则"超链接，打开"添加规则"对话框，选择"空白规则"选项，然后单击 确定 按钮，如图4-5所示。

步骤 03 ▶ 打开"编辑入站规则"界面，设置"名称"为"URL静态化"，"模式"为"^product_(.*)_(.*)_(\d+).html$"，"重写URL(L)"为"/product.php?category={R:1}&color={R:2}&id={R:3}"，单击 测试模式(P)... 按钮，如图4-6所示。

🎓 专家指导

> 模式中的文本是正则表达式，其中(.*)表示任意长度的字符串，(\d+)表示任意长度的数字。第1个(.*)处于第1位，其匹配的字符将替换重写中的{R:1}；第2个(.*)处于第2位，其匹配的字符将替换重写中的{R:2}；(\d+)处于第3位，其匹配的数字将替换重写中的{R:3}。如果动态URL还有更多参数，则只需继续添加正则表达式及对应的{R:4}、{R:5}……即可。

步骤 04 ▶ 打开"测试模式"对话框，设置"要测试的输入数据"为"product_skirt_blue_159.html"，单击 测试(T) 按钮，如果测试通过，则显示"输入URL路径与模式匹配。"，单击 关闭(C) 按钮，如图4-7所示。

步骤 05 ▶ 返回"编辑入站规则"界面，单击"操作"栏中的 应用 按钮应用规则。此时在浏览器中输入静态URL"product_skirt_blue_159.html"访问网站，在服务器端就会自动访问动态URL"product.php?category=skirt&color=blue&id=159"。

图4-5　添加规则

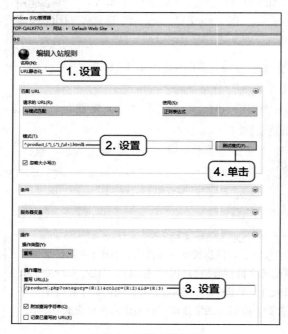

图4-6　编辑入站规则

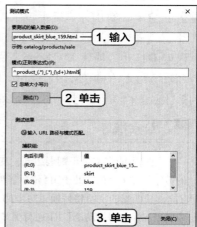

图4-7　测试模式

　　对于上面这个例子，在Apache服务器中，只需在.htaccess文件中输入如下代码即可将动态URL静态化。

```
01  RewriteEngine on
02  RewriteRule ^product_(.*)_(.*)_(\d+).html$ /product.php?category=$1 &color=$2&id=$3
```

二、URL规范化

在网站的建设中，可能会出现大量不规范的URL，这样会引起多个URL指向同一网页的现象。这些不规范的URL虽然不会给用户访问网页造成什么麻烦，但是会给搜索引擎的收录造成影响，主要有以下5个方面。

- 会分散网页权重，不利于排名。
- 搜索引擎收录的URL可能不是最合适的URL。
- 一个网站能被收录的总网页数和网络蜘蛛总爬行时间是有限的，不规范的URL太多，会影响网站页面的收录量。
- 重复网页过多，搜索引擎可能会认为有作弊嫌疑。
- 对于搜索引擎来说，浪费资源、浪费流量。

1. 产生不规范URL的原因

产生不规范URL的原因有很多，主要有以下8种情况。

- **是否包含www：** 在许多网站中，域名的主机名为www时是可以省略的，这样就会出现包含或不包含www的两种URL，如http://www.abc***123.com和http://abc***123.com。

- **是否包含默认网页文件名：** 如果要访问的网页是一个文件夹中的默认网页文件，在URL中是可以省略文件名的，这样就会出现包含或不包含默认网页文件名的两种URL，如http://www.abc***123.com/news/index.html和http://abc***123.com/news。

- **末尾是否包含斜杠：** 如果URL指向一个文件夹，那么在文件夹的名称后可以有斜杠，也可以没有斜杠，如http://www.abc***123.com/news/和http://www.abc***123.com/news。

- **是否为加密网址：** 未加密URL，如http://www.abc***123.com，是明文传输的，如果数据在传输过程中不加密，则容易被第三方窃取、篡改或劫持。而加密URL，如https://www.abc***123.com，通过安全套接层（Secure Sockets Layer，SSL）或安全传输层（Transport Layer Security，TLS）等加密协议进行数据加密，能够保证数据的安全性和完整性。正常情况下，如果网站采用加密URL时，则未加密URL应该不能被访问，但有些网站可能会因为设置不当而可以同时访问加密和未加密的URL，从而产生不规范的URL。

- **URL中是否有端口号：** 如果网页服务的端口是默认的80端口，那么在URL中是可以省略的，这样就可能产生包含和不包含端口号的两种URL，如http://www.abc***123.com:80和http://www.abc***123.com。

- **包含跟踪代码：** 有些网站会在网址后面加上跟踪代码，以跟踪用户信息，如http://www.abc***123.com/?affid=100和http://www.abc***123.com/?affid=108等。

- **网站程序的原因：** 有些网站的内容管理系统（Content Management System，

CMS）可能会造成一个网页可以通过几种不同的URL访问的情况。

- **URL静态化设置错误：** 将动态URL静态化时，因设置错误使一个网页可以通过多个静态化的URL访问，或者静态URL和原有的动态URL都可以访问。

2．URL规范化的注意事项

URL规范化就是从不规范的URL中选择一个最合适的URL作为网页真正的URL，在规范化URL时需要注意以下4点。

- 所有内部链接的形式必须保持一致，如果决定将带有www的URL作为标准URL，那么所有内部链接都要统一使用带www的URL。
- 在网站改版时，原来的URL也许是不规范的，但是已经被搜索引擎收录，或者被其他网站用作外部链接，所以不能完全丢弃。此时，就需要使用301跳转，将原来的不规范URL转化为规范的URL，同时将原来的权重传递过来。
- 使用canonical标签告诉搜索引擎哪个URL是规范的URL（后文将具体讲解canonical标签的使用方法），让搜索引擎只收录该URL，从而避免产出重复内容。
- SEO人员在选择CMS时，应选择不会产生不规范URL的CMS。

三、使用301跳转

301跳转又称301重定向，是一种非常重要的自动跳转技术。设置301跳转后，当用户或网络蜘蛛访问网页时，服务器返回的HTTP数据流的头信息（header）的状态码就为301，表示本URL永久性转移到另一个URL。这是搜索引擎唯一推荐的跳转方法，它还会将原URL积累的权重传递到新的URL上。

1．在IIS服务器中设置301跳转

在IIS服务器中可以使用"HTTP重定向"来设置301跳转。

案例4-2 **在IIS服务器中设置301跳转**

步骤01 ▶ 打开IIS服务器，选择要设置301重定向的网站。在中间的"IIS"栏中双击 ![HTTP重定向] 按钮，如图4-8所示。

图4-8　双击"HTTP重定向"按钮

步骤02 ▶ 打开"HTTP重定向"界面，选中"将请求重定向到此目标"复选框，并在下方的文本框中输入要跳转到的域名，选中"将所有请求重定向到确切的目标(而不是相

对于目标）"复选框，在"状态代码"下拉列表中选择"永久（301）"选项，在右侧的"操作"栏中单击 🔲 应用 按钮应用设置，如图4-9所示。

图4-9 设置301跳转

2. 在Apache服务器中设置301跳转

在Apache服务器的配置文件（.htaccess）中可以为Apache服务器添加301跳转设置。首先找到相关的虚拟主机或目录的配置，然后根据以下情况添加代码。

例如，要将一个URL old_page.html重定向到new_page.html，只需在.htaccess文件中输入下列代码即可。

```
01  RewriteEngine on
02  RewriteRule ^old_page.html$ /new_page.html [R=301,L]
```

上述代码可以将一个URL重定向到另一个URL，但是如果一个网站修改了域名，要将网站中所有的URL重定向到新域名的URL中，就可以采用以下代码。

```
01  RewriteEngine on
02  RewriteCond %{HTTP_HOST} ^old-domain\.com$ [NC]
03  RewriteRule ^(.*)$ http://new-domain.com/$1 [R=301,L]
```

四、使用canonical标签

canonical标签主要用于解决内容一样而URL不一样的网址规范化问题。通过canonical标签可以告诉搜索引擎哪个URL是规范的URL，从而避免因同一个内容频繁出现在多个URL中导致的内容重复问题。

当一个网站有多个类似的网页，但它们的URL不同时，就可以使用canonical标签指定一个主要的版本。例如，电商网站可能有多个网页展示同一件产品，它们的URL有所不同，这时可以在每个网页的头部添加canonical标签指向主要版本的URL，这样搜

索引擎就会把这些网页看作同一个内容。

例如，一个销售运动鞋的网页可能会有多个不同的URL，其URL分别如下。

```
http://www.abc***123.com/sneakers/show.php
http://www.abc***123.com/sneakers/show.php?color=blue
http://www.abc***123.com/sneakers/show.php?color=black
http://www.abc***123.com/sneakers/show.php?color=red
……
```

如果不进行处理，搜索引擎就会收录所有的URL，但这些URL指向的都是同一个网页，只是通过参数显示不同的图片而已，因此产生了大量的重复内容。通常需要将不带参数的URL作为规范的URL，这样只需在网页的<head>标签中添加一个<link>标签，在其中设置rel="canonical"，并用href属性来指定规范的URL，具体代码如下。

```
01  <head>
02    <link rel="canonical" href="http://www.abc***123.com/sneakers/show.php"/>
03  </head>
```

这样，搜索引擎只会收录http://www.abc***123.com/sneakers/show.php，而将其他URL当作重复内容，不参与网页的权重分配。

🎓 专家指导

与301跳转相比，使用canonical标签实现URL规范化不需要服务器额外功能的支持，因而更加灵活。此外，使用canonical标签，用户在浏览网页时，会跳转到新的URL，但搜索引擎会把权重集中到规范化的URL中。

📈 课堂实训 ●●●●

（一）使用robots生成工具生成robots.txt文件

【实训背景】

千履千寻网站在SEO的过程中发现网站中的部分网页并不需要被搜索引擎抓取，于是决定使用robots.txt文件来限制搜索引擎的抓取范围，不需要被搜索引擎抓取的文件夹如表4-1所示。

表4-1　不需要被搜索引擎抓取的文件夹

文件夹	说明
admin	网站后台管理
users	用户管理
order	订单管理

此外，还需要利用robots.txt文件告诉搜索引擎网站地图的URL，网站地图URL为"http://www.***.com/sitemap.xml"。

【实训要求】

使用robots生成工具生成robots.txt文件，要求所有搜索引擎都不抓取"admin""users""order"文件夹中的所有文件，并输入网站地图URL。

【实施过程】

微课视频：使用robots生成工具生成robots.txt文件

步骤01 ▷进入站长工具网站中的"robots文件生成"页面，在"限制目录"栏后的3个文本框中分别输入"/admin/""/users/""/order/"，在"Sitemap"文本框中输入"http://www.***..com/sitemap.xml"，如图4-10所示。

图4-10 "robots文件生成"页面

步骤02 ▷单击 生成 按钮生成robots.txt文件内容，如图4-11所示。

图4-11 生成robots.txt文件内容

步骤03 ▷将生成的robots.txt文件内容复制到记事本中，并保存为"robots.txt"，然后将robots.txt文件上传到网站的根目录中。

（二）静态化产品展示页的URL

【实训背景】

千履千寻网站存在着大量的动态URL，为了能够更好地被搜索引擎收录，现在需要将动态URL静态化。将产品展示页的URL静态化，其动态URL的形式为"/products.php?type=sneakers&brand=lining&model=an001&color=white&id=2023030300001"。

【实训要求】

使用IIS服务器的"URL重写"功能，将"/products.php?type=sneakers&brand=lining&model=an001&color=white&id=2023030300001"形式的动态URL静态化为"/products_sneakers_lining_an001_white_2023030300001.html"形式的静态URL。

拓展视频：
静态化产品展示
页的URL

【实施过程】

步骤 01 ▶ 启动IIS服务器，使用"URL重写"功能，打开"编辑入站规则"界面并添加一个入站规则，将"模式"设置为"^products_(.*)_(.*)_(.*)_(.*)_(\d+).html$"，将"重写URL(L)"设置为"/products.php?type={R:1}&brand={R:2}&model={R:3}&color={R:4}&id={R:5}"，单击 测试模式(P)... 按钮，如图4-12所示。

步骤 02 ▶ 打开"测试模式"对话框，设置"要测试的输入数据"为"products_sneakers_lining_an001_white_2023030300001.html"，单击 测试(T) 按钮，显示"输入URL与模式匹配。"，单击 关闭(C) 按钮，如图4-13所示。

图4-12　编辑入站规则

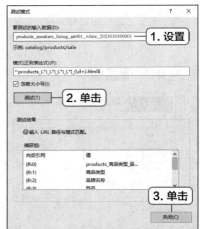

图4-13　测试模式

步骤 03 ▶ 返回"编辑入站规则"界面，单击"操作"栏中的 应用 按钮应用规则。

课后练习

一、单选题

1. 通过（　　　）标签或属性可以告诉搜索引擎哪个URL是规范的URL，从而避免因同一个内容频繁出现多个URL而导致的内容重复问题。

    A. nofollow　　　　　　　　　B. canonical

    C. noindex　　　　　　　　　 D. robots

2. 设置了（　　）方式后，原URL将永久性转移到另一个URL，并且原URL积累的权重也会传递到新的URL上。

    A. 302跳转　　　　　　　　　B. 301跳转

    C. JavaScript跳转　　　　　　D. Meta Refresh跳转

3. 以下不是蜘蛛陷阱的是（　　）。

    A. 深层次的网页　　　　　　　B. 框架结构

    C. 301跳转　　　　　　　　　D. 登录要求

4. 在robots.txt文件中，下列代码不允许访问以".asp"结尾的URL的是（　　）。

    A. Allow:/*.asp$　　　　　　　B. Disallow:/*.asp$

    C. Allow:/*.asp　　　　　　　　D. Disallow:/*.asp

5. 下列网址中，（　　）是动态URL。

    A. http://www.***.com/news/index.html?date=20190812&newsid=321

    B. http://www.***.com/news/sc/20190812/321/

    C. http://www.***.com/news/index.html

    D. http://.sc.news.***.com/

二、判断题

1. 网站使用Session ID，不会使搜索引擎认为这个网站有大量的重复内容，从而限制网络蜘蛛对网页的爬行。　　　　　　　　　　　　　　　　　（　　）

2. 框架结构对搜索引擎收录没有影响。　　　　　　　　　　　　　　（　　）

3. 如果动态URL中包含用户输入的数据，则可能存在信息安全问题。　（　　）

三、简答题

1. 简述什么是蜘蛛陷阱，以及可以使用哪些技术避免蜘蛛陷阱。

2. 简述产生不规范URL的原因。

3. 简述动态URL对搜索引擎的影响。

四、操作题

1. 使用站长工具网站中的"robots.txt生成"工具生成一个robots.txt，具体要求如下。

- 限制目录为"admin""data""mages"。

- 检索间隔为"10秒"。

- 所有搜索引擎为"允许"。

- Google搜索引擎为"禁止"。

- 网站地图URL为http://www.***.com/sitemap.xml

2. 在IIS服务器中设置URL静态化，将"item.html?id=5&name=tom&age=33"形式的动态URL转化为"item_5_tom_33.html"形式的静态URL。

项目
五

优化网站页面

● 项目背景

　　优化网站页面是提高网站排名和吸引更多用户的重要手段。企业通过精细的网页设计、布局和内容优化，可以提升用户的浏览体验和网页质量，从而提高网站的排名。本项目将以佳美馨装饰网的网页优化为例，系统地介绍优化网站页面的方法，从而助力网站排名的提高和用户的获取。

● 知识目标

- 掌握优化网页结构的方法。
- 掌握优化网页代码的方法。
- 掌握优化网页内容的方法。

● 技能目标

- 能够对网页的标题、图片、H标签、视频等进行优化。
- 能够对网页的JavaScript脚本、CSS样式、布局方式等进行优化。

● 素养目标

- 求实创新，坚持原创，不剽窃他人作品。
- 培养细致认真、一丝不苟的工作作风。

任务一 优化网页结构

一个网页中包含很多内容，这些内容对SEO的效果都有着不同程度的影响，为了使SEO取得更好的效果，佳美馨装饰网的SEO人员还需要优化网页结构。

一、了解网页的布局结构

网页的布局结构是指在浏览器中显示的完整网页的结构。一个布局良好的网页需要对其中所有的内容进行有机整合并合理划分位置，以达到令人惊艳的视觉效果。

一个网页主要由网页头部（header）、导航栏（nav）、主体内容（main）、网页尾部（footer）等部分组成，如图5-1所示。在HTML5中可以分别使用<header>、<nav>、<main>、<footer>等语义标签来加以区分，这样可以帮助搜索引擎识别不同部分的内容，提高抓取效率。

拓展阅读：
HTML5的语义
标签

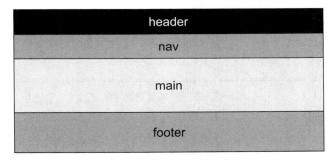

图5-1 网页的布局结构

专家指导

> HTML5以前的版本不支持<header>、<nav>、<main>、<footer>等语义标签，可以使用<div>标签加id、class属性的方式来实现，如<div class="header">、<div id="nav">等。

1. 网页头部

网页头部主要包括网站Logo、登录链接、注册链接、搜索框，以及常用的快捷功能按钮等内容，网页头部的内容对SEO和用户体验都非常重要。图5-2所示为京东商城首页的网页头部。

图5-2 京东商城首页的网页头部

2. 导航栏

导航栏是网站重要的基础组成元素之一，通常包括网站的主要导航链接，以及一些其他常用超链接等。导航栏通常位于网页的顶部或侧边。用户通过导航栏能够快速查询需要的信息，提高访问效率。

图5-3所示为京东商城首页的导航栏，京东商城的产品种类众多，如果没有一个分类明晰的导航栏，则用户要想在其中找到自己想要的产品是非常困难的。

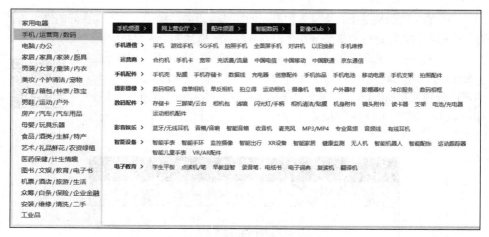

图5-3　京东商城首页的导航栏

3. 主体内容

网页的主体内容主要由文本、图片及链接组成，部分网页还包含音频、视频和动画等内容。主体内容通常占据网页的大部分空间，通常包含多个区域和部分，可以用直接、有效的方式向用户传达信息。图5-4所示为京东商城首页的主体内容。

图5-4　京东商城首页的主体内容

4. 网页尾部

网页尾部主要包括友情链接、版权声明、联系方式、隐私政策、备案信息和站长统计等内容。图5-5所示为京东商城首页的网页尾部。

图5-5　京东商城首页的网页尾部

二、网页标题优化

网页标题会在浏览器的标题栏中显示，也会在搜索引擎的搜索结果页面中以超链接的形式显示。网页标题是SEO至关重要的因素之一，一旦确定，在后期尽量不要进行大幅度的修改。

网页标题是通过<title>标签设置的，其代码格式如下。

```
<head>
  <title>网页标题</title>
  ……
</head>
```

当用户访问网页时，网页标题显示在浏览器窗口的上方，如图5-6所示。在搜索结果页面中，网页标题在第一行并以超链接的形式显示，如图5-7所示。

图5-6　浏览器窗口显示的网页标题 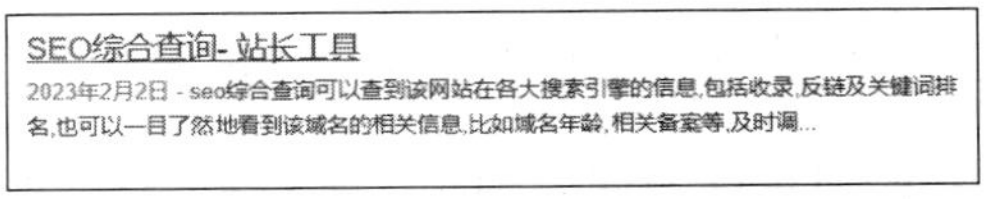　　图5-7　搜索结果页面中显示的网页标题

专家指导

> 在HTML文件中设置网页标题时，<title>标签应紧挨着<head>标签，然后再写其他标签和代码，这样搜索引擎才能迅速地找到<title>标签。

SEO人员在设置网页标题时，要注意以下两个方面的问题。

1．标题的字数限制

搜索结果页面中网页标题能够显示的字数有限，多余的文本将不会显示出来，所以网页标题的长度最好不要超过30个中文字符。另外，标题过长通常有两种情况，一是标题包含过多的关键词，这样不仅有堆砌关键词的嫌疑，而且每个关键词分到的权重很少，因此每个关键词的排名都会受到影响；二是无关的文本过多，这样会降低目标关键词的密度，不利于突出关键词的相关性。在图5-8所示的搜索结果页面中，第2个结果的网页标题超过了字数限制，没有完全显示出来。

图5-8　网页标题

2. 标题的唯一性

每个网站都由一个首页、几个栏目页，以及大量的内容页组成。每个网页都应该具备一个独一无二的标题，这有助于搜索引擎将该网页与其他网页区分开来，并为该网页提供独立的搜索结果。

有些网站将所有网页的标题都设置成网站名称，由于标题中缺少了相应的关键词，用户无法在搜索结果页面中识别出哪个网页才能满足他们的需求，从而影响点击量。另外，如果每个网页都使用相同的标题，那么搜索引擎就无法正确地理解网页内容，从而影响排名。

要解决网页标题重复的问题，可以采用以下规则。

- **首页标题命名规则：** 网站首页可以采用"网站名称－关键词1,关键词2,关键词3……"的形式命名，并且网站名称和关键词应采用不同的分隔符分开。例如，佳美馨装饰网首页标题可设置为如下。

<title>佳美馨装饰网－装修,家装,室内装修,家装设计,佳美馨装饰网</title>

- **栏目页标题命名规则：** 栏目页可以采用"关键词1|关键词2|关键词3……|栏目名称－网站名称"的形式命名。例如，佳美馨装饰网的"家装设计"栏目页的标题可设置为如下。

<title>室内装修|家装设计|装修设计|家装设计－佳美馨装饰网</title>

- **文章页或产品详情页标题命名规则：** 文章页或产品详情页可以采用"栏目名称,文章名称或产品名称－网站名称"的形式命名。例如，佳美馨装饰网的"家装知识"栏目中某文章页的标题可设置为如下。

<title>家装知识,强化木地板的选购－佳美馨装饰网</title>

🎓 专家指导

标题中各关键词之间需要分隔时可以使用"－""|"","">""_""·"，以及空格等连接符，选择哪种连接符，只取决于哪种连接符能让用户看得更清楚。

三、网页图片优化

图片是网页中除文本、链接之外的重要内容。目前，大多数搜索引擎都将图片优化程度作为搜索和抓取的依据之一，并且搜索结果也可以以图文的形式展示。SEO人员在优化网页图片时要注意以下6个方面的问题。

1．图片的大小

图片的大小对网页的影响很大，图片过大会造成网页加载速度变慢，严重时甚至会导致网页加载失败。通常情况下，PC端网页的加载时间不要超过3秒，移动端网页的加载时间不要超过5秒。

内容相同的图片，分辨率不同，其大小会有很大的差别。图5-9所示为两张内容相同的PNG格式的图片，图片1.png的分辨率为"1920像素×1080像素"，其大小为"3.27MB"；图片2.png的分辨率为"800像素×450像素"，其大小为"627KB"，只有图片1.png的1/5左右。

图5-9　图片的大小

因此，网页图片的大小要与实际的显示大小相符，不能过大。SEO人员可以通过<img>标签的参数或CSS样式来设置图片的大小。

2．图片的格式

网页图片要选用合适的格式，BMP、TIF等格式的图片比较大，会影响网页打开的速度，一般不会在网页中使用。目前，网页中经常采用的图片格式主要有JPG、PNG、GIF这3种。

- **JPG**：JPG是有损压缩格式，在保存时可以设置图片的品质，品质越高，图片越大，品质越低，图片越小。JPG格式支持真彩色，颜色丰富，比较适合风景照等颜色较多且图案复杂的图片。

- **PNG**：PNG是无损压缩格式，且支持真彩色和256级透明度，适用于从小图片（如项目符号）到复杂图片（如照片）的各种类型的网页图片。

- **GIF**：GIF支持动画和透明背景，但最多只有256种颜色，适合一些小的动态图片或颜色数量较少的图片。

3．图片描述和标题的设置

图片描述和标题是通过<img>标签的alt属性和title属性设置的，如图5-10所示，用简短的文本说明图片的内容，同时包含关键词"家居安装""电磁门禁安装方法是什么"。另外，网站Logo图片的描述和标题中，应该包含网站首页的目标关键词。

```
▼<p style="text-align: center;">
    <img src="resource/article/attachfile/20221209/1670575786926042331.png"
    title="家居安装，电磁门禁安装方法是什么" alt="家居安装，电磁门禁安装方法是什么"
    width="640" height="485" border="0" vspace="0" style="width: 640px; height:
    485px;">
</p>
```

图5-10　设置alt属性和title属性

alt属性和title属性的作用既有相同点，也有不同点。

- **相同点：** 为图片设置alt属性或title属性后，当图片由于某种原因不能被加载时，在图片的位置上会显示alt属性或title属性的内容，用户据此能够知道图片的大致内容，如图5-11所示。另外，搜索引擎也可以通过alt属性和title属性来了解图片内容。

- **不同点：** 设置title属性后，将鼠标指针移动到图片上，会弹出一个提示框并显示title属性的内容，可以帮助用户了解图片的内容，如图5-12所示，而alt属性无此功能。

图5-11　图片未加载时的显示效果　　　　　　图5-12　title属性的显示效果

4. 文件名的设置

图片的文件名应具有意义，如使用"red-rose.jpg"，而不是"img001.jpg"作为文件名。这样可以帮助搜索引擎和用户更好地理解图片的内容和意义。

5. 延迟加载

将网页中的大型图片或网页下方的图片设置为延迟加载（当用户滚动网页到图片显示区域时才加载图片）可以大大缩短网页的加载时间，提升用户体验。

使用HTML5的loading属性可以实现简单的延迟加载，示例如下。

```
<img src="image.jpg" loading="lazy" alt="图片描述">
```

6. 图片链接

在图片上加入链接，用户单击图片就能跳转到特定的网页。图片链接不仅能够提高网站中其他网页的收录量，还能够吸引用户访问网站中的其他网页，从而延长用户在网站中的停留时间、加深访问深度，进而降低跳出率。

为图片添加链接的方法是：在图片的<img>标签外嵌套一个<a>标签，并通过href属性设置目标网址，代码如下。

```
<a href="目标网址">　<img scr="图片路径" alt="图片描述"/></a>
```

网页中的图片很多，但并非所有图片都需要添加链接，只为必要图片添加链接即可。通常情况下，以下4种类型的图片可以设置链接。

- **网站Logo图片：** 一般，网站的每个网页都会包含网站Logo图片，为其添加跳转到网站首页的链接，可以使用户方便、快捷地返回网站首页。

- **网站导航**：如果网站导航是图片形式的，则需要为其添加链接，以便用户跳转到相应的网页。

- **Banner**：Banner将重要信息以图片的形式呈现给用户。由于图片承载的信息量比文本大，因此适合作为广告、专题页、重要页或热点页的入口，添加链接可以方便用户访问相应的网页。

- **页面广告**：页面广告用于吸引用户关注和点击，也需要添加链接，以便用户跳转到广告的目标网页。

装饰性图片、背景图片等图片的作用是装饰网页或美化内容，就不需要添加链接了。

案例 5-1 **优化"佳美馨装饰网 - 成功案例"网页的图片**

微课视频：优化"佳美馨装饰网-成功案例"网页的图片

步骤 01 ▷ 打开素材文件夹中的"images"文件夹（配套资源：\素材\项目五\案例5-1\images\），选择"1-1.png"~"3-4.png"图片，在右侧的详细信息窗格中可以看到图片的分辨率为"394像素×394像素"，总大小为"2.35MB"，如图5-13所示。

图5-13 查看图片的详细信息

步骤 02 ▷ 使用Photoshop等软件将选择的图片的格式转换为JPG，分辨率设为"250像素×250像素"，并修改文件名为"renderings1-1.jpg"~"renderings3-4.jpg"。此时，在右侧的详细信息窗格中可以看到图片的分辨率为"250像素×250像素"，总大小为"259KB"，如图5-14所示。

图5-14 查看转换格式后的图片的信息

步骤03▶ 使用记事本打开"index.html"网页文件（配套资源：\素材\项目五\案例5-1\index.html），找到图5-15所示的代码。

步骤04▶ 将"1-1.png"～"1-4.png"改为"renderings1-1.jpg"～"renderings1-4.jpg"，并设置alt属性为"现代简约"；将"2-1.png"～"2-4.png"改为"renderings2-1.jpg"～"renderings2-4.jpg"，并设置alt属性为"中式现代"；将"3-1.png"～"3-4.png"改为"renderings3-1.jpg"～"renderings3-4.jpg"，并设置alt属性为"美式田园"，如图5-16所示（配套资源：\效果\项目五\案例5-1\index.html）。

```html
<table width="100%" cellpadding="10">
  <tr>
    <td><img src="images/1-1.png" width="250" height="248" alt=""/></td>
    <td><img src="images/1-2.png" width="250" height="248" alt=""/></td>
    <td><img src="images/1-3.png" width="250" height="248" alt=""/></td>
    <td><img src="images/1-4.png" width="250" height="248" alt=""/></td>
  </tr>
  <tr>
    <td>现代简约1</td>
    <td>现代简约2</td>
    <td>现代简约3</td>
    <td>现代简约4</td>
  </tr>
</table>
<hr>
<div class="tit1">中式现代</div>
<div class="more">更多</div>
<table width="100%" cellpadding="10">
  <tr>
    <td><img src="images/2-1.png" width="250" height="248" alt=""/></td>
    <td><img src="images/2-2.png" width="250" height="248" alt=""/></td>
    <td><img src="images/2-3.png" width="250" height="248" alt=""/></td>
    <td><img src="images/2-4.png" width="250" height="248" alt=""/></td>
  </tr>
  <tr>
    <td>中式现代1</td>
    <td>中式现代2</td>
    <td>中式现代3</td>
    <td>中式现代4</td>
  </tr>
</table>
<hr>
<div class="tit1">美式田园</div>
<div class="more">更多</div>
<table width="100%" cellpadding="10">
  <tr>
    <td><img src="images/3-1.png" width="250" height="248" alt=""/></td>
    <td><img src="images/3-2.png" width="250" height="248" alt=""/></td>
    <td><img src="images/3-3.png" width="250" height="248" alt=""/></td>
    <td><img src="images/3-4.png" width="250" height="248" alt=""/></td>
  </tr>
  <tr>
    <td>美式田园1</td>
    <td>美式田园2</td>
    <td>美式田园3</td>
    <td>美式田园4</td>
  </tr>
</table>
```

图5-15 优化前的代码

```html
<table width="100%" cellpadding="10">
  <tr>
    <td><img src="images/renderings1-1.jpg" width="250" height="248" alt="现代简约"/></td>
    <td><img src="images/renderings1-2.jpg" width="250" height="248" alt="现代简约"/></td>
    <td><img src="images/renderings1-3.jpg" width="250" height="248" alt="现代简约"/></td>
    <td><img src="images/renderings1-4.jpg" width="250" height="248" alt="现代简约"/></td>
  </tr>
  <tr>
    <td>现代简约1</td>
    <td>现代简约2</td>
    <td>现代简约3</td>
    <td>现代简约4</td>
  </tr>
</table>
<hr>
<div class="tit1">中式现代</div>
<div class="more">更多</div>
<table width="100%" cellpadding="10">
  <tr>
    <td><img src="images/renderings2-1.jpg" width="250" height="248" alt="中式现代"/></td>
    <td><img src="images/renderings2-2.jpg" width="250" height="248" alt="中式现代"/></td>
    <td><img src="images/renderings2-3.jpg" width="250" height="248" alt="中式现代"/></td>
    <td><img src="images/renderings2-4.jpg" width="250" height="248" alt="中式现代"/></td>
  </tr>
  <tr>
    <td>中式现代1</td>
    <td>中式现代2</td>
    <td>中式现代3</td>
    <td>中式现代4</td>
  </tr>
</table>
<hr>
<div class="tit1">美式田园</div>
<div class="more">更多</div>
<table width="100%" cellpadding="10">
  <tr>
    <td><img src="images/renderings3-1.jpg" width="250" height="248" alt="美式田园"/></td>
    <td><img src="images/renderings3-2.jpg" width="250" height="248" alt="美式田园"/></td>
    <td><img src="images/renderings3-3.jpg" width="250" height="248" alt="美式田园"/></td>
    <td><img src="images/renderings3-4.jpg" width="250" height="248" alt="美式田园"/></td>
  </tr>
  <tr>
    <td>美式田园1</td>
    <td>美式田园2</td>
    <td>美式田园3</td>
    <td>美式田园4</td>
  </tr>
</table>
```

图5-16 优化后的代码

四、H标签优化

H标签又称heading标签，是用于在网页中标记标题的标签，可以提高网页的可读性和可访问性，同时也有助于SEO。H标签包含<h1>、<h2>、<h3>、<h4>、<h5>、<h6>共6种，用于在网页中显示不同级别的标题。图5-17所示为不同级别的H标签的显示效果。

图5-17　不同级别的H标签的显示效果

1．H标签的作用

H标签是HTML源代码中的标题标签，其作用主要体现在以下两个方面。

- **对用户的作用：** 应用了H标签的文本比普通文本的显示效果更突出，对用户来说，可以更直观地分辨出文章的各级标题，便于用户更快地找到所需的内容。

- **对搜索引擎的作用：** H标签的级别越高（从<h1>到<h6>级别依次降低），搜索引擎就越认为它是网页的关键信息。因此在SEO时，在H标签中布局关键词可以提高网页的关键词密度和相关性，从而有利于提高网站在搜索引擎中的排名。同时，搜索引擎还会根据H标签的级别来确定网页内容的层次结构，以更好地理解网页的内容。

2．H标签的应用

在SEO中，H标签的优化非常重要。优化时，SEO人员可以在各级H标签中嵌入相应的关键词，H标签中关键词的权重会随着标签级别的降低而降低，而正文中关键词的权重又比H标签低。因此，要根据网页中不同内容的重要性来设置H标签。

- **<h1>标签：** <h1>标签的重要性最高，在网站首页或栏目页的标题或Logo外可嵌套一层<h1>标签，以强调其重要性。图5-18所示为京东商城首页，从中可以看出，其Logo图片外嵌套了一层<h1>标签。产品详情页或内容页的产品名称或文章的一级标题也可添加<h1>标签。图5-19所示为某产品的产品详情页，从中可以看出，产品名称添加了<h1>标签。

图5-18　<h1>标签在首页中的应用

图5-19　<h1>标签在产品详情页中的应用

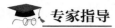专家指导

> 每个网页应该只有一个<h1>标签，使用多个<h1>标签会使网页结构混乱，网页的可读性会降低，影响SEO效果。

- **<h2>标签：** SEO人员可以为网站首页或栏目页中栏目的标题或一些比较重要的内容页中的标题添加<h2>标签。图5-20所示为某装修网站首页，从中可以看出栏目标题应用了<h2>标签。在产品详情页或内容页中，SEO人员可以为文章的次级标题添加<h2>标签。图5-21所示为一篇介绍如何清洗热水器的内容页，从中可以看到文章的次级标题"1.断电断水"添加了<h2>标签。

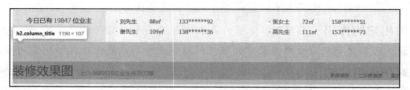

图5-20 <h2>标签在首页中的应用

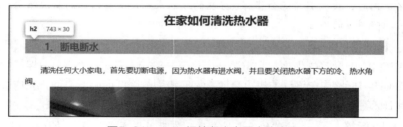

图5-21 <h2>标签在内容页中的应用

- **<h3>～<h6>标签：** 由于<h3>～<h5>标签的权重很小，所以一般很少使用；<h6>标签可以应用在友情链接或一些不需要搜索引擎关注的地方，以降低其对网页的影响。

五、网页视频优化

视频与其他类型的媒体相比，具有独特的优势，同时兼具图片、文本和声音，展现方式更加灵活，因而受到广大用户的青睐。但是由于视频文件通常都比较大，对网站服务器的容量和带宽要求很高，对于一般的企业网站来说，直接在网页中插入视频会导致网页加载速度变慢，需要增加网站服务器的容量和带宽，这会增加不少额外的费用。另外，现在搜索引擎搜索出的视频大部分来自一些门户级的视频网站，很少出现来自企业或个人网站的视频。例如，在百度的"视频"栏中搜索"笔记本评测"关键词，在搜索结果中可以发现搜索出的视频大多来自哔哩哔哩、好看视频等视频门户网站，如图5-22所示。

图5-22　百度中视频的搜索结果

因此，网页视频优化主要是通过第三方视频网站（如优酷、腾讯视频、爱奇艺、搜狐视频等）来完成的。首先将视频上传到第三方视频网站中，并把视频网站提供的分享代码分享到各大社交媒体，或将网页播放代码嵌入自己的网页中，然后利用第三方视频网站平台进行优化。

由于搜索引擎并不能直接识别视频的内容，因此，优化网页视频时需要设置视频的标题、简介、分类和标签等属性，搜索引擎可以通过这些属性来判断视频的主要内容。

- **标题：** 标题是视频优化的重点内容之一，其中应包含相应的关键词，并且应当使用简洁的语言介绍视频内容。

- **简介：** 视频简介主要是对视频内容的简要说明，其中要包含标题中的关键词，以提升视频被搜索引擎收录的概率。另外，还可以在简介中增加网站介绍，以加深访客对网站的印象。

- **分类：** 由于大型视频网站的类型众多，正确设置视频的分类能够让上传的视频快速通过视频网站的审核。

- **标签：** 视频标签也就是视频内容的关键词，应尽可能多地设置和视频内容相关的标签，这样不仅能够快速提升视频的搜索排名，还可以让该视频出现在其他视频的相关推荐中。

此外，提升视频的内容质量也非常重要，高质量的视频可以获得更多用户的点赞、转发和评论，以及更高的评分等，搜索引擎也会借此来判断视频质量的高低，以及视频内容与标题、简介等的相关性。

任务二　优化网页代码

佳美馨装饰网中的网页文件非常大，网页的加载时间较长，于是SEO人员决定对网页代码进行优化，这样不仅可以缩短网页的加载时间，还可以增加网页源代码与网页主题相关内容的关联性，减小搜索引擎的计算量。

一、使用外部JavaScript脚本和CSS样式文件

在网页中使用外部JavaScript脚本和CSS样式文件，不仅可以减小网页文件大小、提高网页的加载速度，还可以使JavaScript脚本和CSS样式文件易于维护。

- **减小网页文件大小**：可以使JavaScript脚本和CSS样式代码与网页文件分开，从而减小网页文件的大小，并且在网页文件中只包含与网页结构和内容相关的HTML代码，这会使网页文件更加易于被搜索引擎阅读和理解。

- **提高网页的加载速度**：浏览器可以将外部JavaScript脚本文件和CSS样式文件缓存在本地，这样在其他网页中使用相同的JavaScript脚本文件和CSS样式文件时就不需要再次下载，从而提高网页的加载速度。

- **易于维护**：当需要修改JavaScript脚本或CSS样式时，只需要修改外部的JavaScript脚本文件或CSS样式文件，而不需要在多个网页文件中修改，这不仅可以减少工作量，还可以降低出错的概率。

使用外部JavaScript脚本文件时，需要将JavaScript脚本代码保存在.js文件中，然后在HTML文件的<head>标签中使用<script>标签来引用外部JavaScript脚本文件，其代码格式如下。

```
<head>
  <script src="myscript.js"></script>
</head>
```

使用外部CSS样式文件时，需要将CSS样式代码保存在.css文件中，然后在HTML文件的<head>标签中使用<link>标签来引用外部CSS样式文件，其代码格式如下。

```
<head>
  <link href="mystyle.css" rel="stylesheet" type="text/css">
</head>
```

二、采用<div>标签布局网页

早期网页布局使用<table>标签来实现，它通过表格将网页中不同区域的内容放置到相应的单元格中，且通常会嵌套多层表格。这种层层嵌套表格的布局方式会使代码变得极其臃肿，不仅影响网页的打开速度，还对网络蜘蛛非常不友好。而使用<div>标签布局则可以对SEO产生积极的影响。

- **提高可访问性**：使用<div>标签进行网页布局可以使网页更加灵活，可以根据需要更改网页结构和样式。这有助于提高网页的可访问性，使其更容易被搜索引擎索引和解析。

- **提高内容的可读性**：使用<div>标签进行网页布局可以更好地组织网页的内

容，使其更易于阅读和理解，进而提高网页的质量分数和排名，有助于提升用户体验。

- **减少冗余代码：** 使用<div>标签进行网页布局可以减少冗余代码，使网页更加简洁，从而提高网页的加载速度，提高网站在搜索引擎中的排名。

三、减少或删除注释

HTML源代码中的注释主要用于提示程序员和设计人员。如果网页不再需要修改，则可以删除注释，尽量减少其对搜索引擎的干扰。

四、满足W3C标准

SEO人员在开发网页时，应遵循由万维网联盟（World Wide Web Consortium，W3C）制定的标准和规范，这样可以使网页更容易被搜索引擎识别和收录，从而提高网页在搜索引擎搜索结果中的曝光率。

需要注意的是，W3C标准涉及网页的各个方面，内容较为复杂，为了确保网页符合W3C标准，需要使用符合W3C标准的网页编辑器和开发工具来制作网页。

五、启用GZIP压缩功能

在网页服务器上开通GZIP压缩功能，可以大幅度地压缩网页文件的大小，改善网站性能，并降低与网络带宽有关的费用。

案例5-2 **在IIS服务器中启用GZIP压缩功能**

在IIS服务器中启用GZIP压缩功能的方法如下。

步骤01 在"Internet Information Services（IIS）服务器"窗口中双击"功能视图"栏中的 按钮。

步骤02 打开"压缩"界面，选中"启用动态内容压缩"和"启用静态内容压缩"复选框，如图5-23所示。

图5-23 启用GZIP压缩功能

步骤 03 ▶ 在右侧的"操作"栏中单击 📄 应用 按钮启用GZIP压缩功能。

案例 5-3 **在 Apache 服务器中启用 GZIP 压缩功能**

在Apache服务器中启用GZIP压缩功能的方法如下。

微课视频：在Apache服务器中启用GZIP压缩功能

步骤 01 ▶ 打开Apache服务器中的httpd.conf文件，并找到以下代码。

```
#LoadModule deflate_module modules/mod_deflate.so
```

步骤 02 ▶ 删除前面的"#"取消注释，以启用该模块。

步骤 03 ▶ 找到以下代码。

```
#AddOutputFilterByType DEFLATE text/html text/plain text/xml
```

步骤 04 ▶ 将其修改为：AddOutputFilterByType DEFLATE text/html text/plain text/xml text/css text/javascript application/xml application/atom_xml application/x-javascript。

步骤 05 ▶ 重启Apache服务器使设置生效。

🎓 专家指导

"text/html text/plain text/xml text/css text/javascript application/xml application/atom_xml application/x-javascript"表示各种不同类型的文件，只有设置了格式的文件才会被压缩。可以根据实际情况增加或删除文件类型。

任务三 优化网页内容

佳美馨装饰网中的很多网页内容都是从其他网站转载的，由于内容高度重复，且毫无新意，所以排名都不高。为了解决这个问题，SEO人员决定优化网页内容，定期发布高质量的原创内容，这样既可以为用户提供有价值的信息，又可以提高网站的排名。

一、制作原创内容

在SEO中，原创内容不一定是全新创作的内容，只要网站发表的内容没有被搜索引擎收录过，对搜索引擎来说就是原创内容。原创内容不仅可以提高搜索引擎对网站的收录率，提高其他网站转载和做外链的概率，还会给用户留下好印象，提升用户对网站的好感度与忠诚度。

1. 原创内容的作用

原创内容对于SEO非常重要，其作用主要体现在以下4个方面。

- **提升网站排名：** 搜索引擎的目标是为用户提供相关性高和价值高的信息，它们倾向于将原创内容视为更具权威性和可靠性的来源。因此，有原创内容的网站能在搜索引擎中获得更高的排名。

- **提升网站收录率：** 对于搜索引擎来说，原创内容是数据库未收录的新内容，因此会更容易被收录。一个网站长期坚持发表原创内容，网站的收录率就会持续提升。

- **增加网站流量：** 用户在搜索引擎上搜索相关内容时，通常只会点击排名较高的结果。由于原创内容的排名一般都较高，因此被用户点击的概率更大，网站能获得更多的流量。

- **增加外部链接：** 如果网站的原创内容非常有价值，就会受到用户的喜爱，就有可能被用户分享到社交媒体上，分享的内容都会带有指向原网站的链接，从而增加原网站的外部链接。

2. 怎样撰写原创内容

撰写原创内容，首先要考虑原创内容要与网站主题相关，其次原创内容要对用户有价值，如可以是产品的使用经验或技巧方面的内容。一般来说，分享经验或技巧方面的内容比较受用户喜爱。例如，如果网站的主要内容是关于数码产品的，网站就可以发布一些新手机评测或使用技巧方面的文章。

俗话说"巧妇难为无米之炊"，因此，SEO人员在开始撰写原创内容之前，需要寻找相关的素材。下面介绍一些寻找素材的常用方法。

- **热点事件：** 分析最近一段时间的热点事件，将相关热点和网站内容联系起来。由于寻找的是近期的热点，那么与之相关的文章也会非常多，SEO人员在撰写原创内容时不能只停留在事件的表面，要有自己独特的观点和评论，这样才可以使文章从众多文章中脱颖而出。

- **论坛：** 论坛是一个互动性比较强的交流场所，很多人喜欢在其中提问题，或分享自己的经历、经验或观点等。论坛里的热门帖子和精华帖子可以作为撰写原创内容的素材来源，通过分析这些帖子，寻找用户感兴趣的内容，然后加以整合。根据帖子的内容，在开头写引导性的内容，结尾写总结性的内容或表明自己的观点和看法，即可完成一篇原创性的文章。

- **社交媒体：** 社交媒体上有很多用户分享有趣、有用的内容，SEO人员可以在社交媒体上搜索与主题相关的内容，了解最新的热点话题、趋势和观点，以此为文章的切入点。也可以查找相关专业领域的社交媒体。

- **问答平台：** 现在人们在生活和学习中遇到问题时，都会第一时间去问答平台（如知乎、百度知道等）提问或寻找答案。问答平台的问题包罗万象，通过分析这些问题，SEO人员可以了解用户有哪些问题、有哪些问题还没有解决、哪些答案还不完整等，并以此撰写一些解决这些问题的文章。这样的文章通常在网络中

比较稀缺。另外，搜索引擎也更喜欢将帮助用户解决问题的内容放在搜索结果中。

- **学术搜索引擎：** 对于一些专业领域的文章，可以使用学术搜索引擎，如Google学术、百度学术等，查找相关的学术论文、报告和期刊，获取更深入、全面的专业信息和观点。

3. 使用AI创作原创文章

随着人工智能（Artificial Intelligence，AI）技术的不断发展，互联网上涌现出了许多能够进行写作的AI产品。例如，百度的文心一言是知识增强大语言模型，能与人对话互动，回答问题，协助创作，高效、便捷地帮助人们获得信息、知识和灵感。

在写作方面，文心一言可以生成连贯且符合语法的文本，并且可以根据上下文进行修改和扩展。文心一言可以快速地生成长篇文本，并在不同方面进行优化。文心一言还可以根据用户的需求和反馈调整和改进，甚至自我学习和优化。

案例 5-4 **使用文心一言创作一篇原创文章**

微课视频：使用文心一言创作一篇原创文章

步骤 01 ▶ 注册并登录文心一言，在页面下方的文本框中输入"以'如何选择强化木地板'为题，写一篇文章"指令，然后单击"生成"按钮，稍等一会儿，文心一言将显示生成好的文章，如图5-24所示。

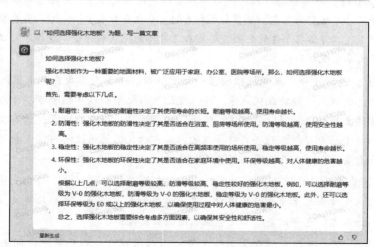

图5-24 使用文心一言生成文章

步骤 02 ▶ 在页面下方的文本框中输入"画一幅强化木地板的画"指令，然后单击"生成"按钮，稍等一会儿，文心一言将显示画好的画，如图5-25所示。

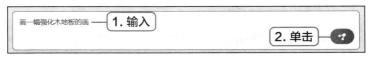

图5-25　使用文心一言画画

4．伪原创

伪原创是指使用其他网站中的内容，并做一些简单的改动或修改，使其看起来像原创内容，但实际上仍然包含原网站的大部分内容和结构。伪原创曾经是很常用的SEO方法，然而，搜索引擎已经变得越来越智能，可以识别出伪原创内容，并将其视为低质量、不可信的内容。

职业素养

> 高度重复且无新意的内容对用户来说毫无意义，所以SEO人员在优化网站时不应过多使用伪原创内容，而应该撰写更有价值和高质量的原创内容。

5．检测文章的原创度

创作原创文章是比较困难的，特别是知识类的文章，难免会参考网上的其他文章，为了避免自己的文章和网上的其他文章有较多的重复，可以使用"原创度检测"工具检测文章的原创度，并修改重复的内容。

案例 5-5　使用"原创度检测"工具检测文章的原创度

微课视频：使用"原创度检测"工具检测文章的原创度

步骤 01 ▶在站长工具网站中展开"更多."下拉列表，在其中选择"原创度检测"选项，打开"原创度检测"页面。

步骤 02 ▶在"原文内容"文本框中输入要检测的文章内容，然后单击 原创度检测 按钮开始检测，如图5-26所示。

步骤 03 ▶检测完成后，"检测结果"栏中将列出重复度较高的语句，如图5-27所示。

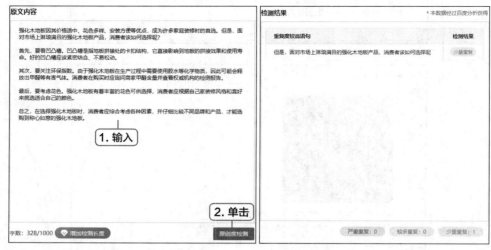

图5-26　输入并检测原文内容　　　　图5-27　检测结果

步骤 04 ▶ 修改重复度较高的语句，再次检测，直到重复度较高的语句数量为0为止。

二、让用户创建内容

在网络中，许多用户有强烈的写作交流欲望，这时就可以让用户参与到网站的内容建设中。这种方法如果运用得当，就可以为网站添加源源不断的高质量内容。以下是一些让用户创建内容的方法。

- **社交媒体：** 建立社交媒体网页，让用户发布文章、分享内容、上传图片和视频等，以互动和分享为主要目的，增加用户的参与度。
- **用户评论：** 在网站上设置用户评论区，允许用户在文章下方发表评论，以便用户交流、分享和反馈。
- **用户评价：** 允许用户对产品、服务，以及其他体验进行评价，以便其他用户参考。
- **竞赛和活动：** 举办竞赛和活动，鼓励用户提交创意和内容，如让用户创作歌曲、设计标志或上传照片等。
- **用户问答：** 创建用户问答板块，允许用户提出问题并让其他用户回答。

🎓 专家指导

> 让用户创建内容也会产生一些麻烦，部分用户可能会发布一些广告或垃圾内容，甚至非法的内容，所以必须审核用户发布的内容，广告、垃圾或非法的内容要及时屏蔽或清除。

三、内容更新频率

无论是用户还是搜索引擎，均不可能对一个长期不更新的网站产生兴趣，所以内容的持续更新是网站生存与发展的基本条件。网站内容的更新要持续且有规律，如果内容也很优质，则很快会被搜索引擎收录。以下是一些关于内容更新频率的建议。

- **保持一定的频率：** 建议定期发布新的内容，以保证网站的新鲜度和活跃度。具体更新频率可以根据网站类型、行业和用户而定，一般建议每周至少发布1~2篇文章。
- **避免频繁更新：** 过于频繁更新内容可能会影响用户体验，让用户感到厌烦和不舒服。因此，建议根据网站类型和用户需求，适当控制内容更新频率。
- **注重质量：** 内容更新频率不应牺牲质量。只有发布高质量、有价值的内容才能吸引更多的用户，提升网站的口碑和用户忠诚度。
- **考虑季节性：** 如果网站主题与季节或假期有关，则可以在特定的时间点增加更新频率，以提升用户的参与度。
- **根据数据进行优化：** 根据网站的数据和分析结果，调整内容更新频率和时间，以优化用户体验。

总的来说，内容更新频率应该根据网站的类型、行业、用户和目标来确定，以保证网站的新鲜度、活跃度和用户体验。同时，注重内容的质量和价值，以吸引更多的用户，获得更多的流量。

📈 课堂实训 ●●●●

【实训背景】

千履千寻网站的首页有很多不利于SEO的设置，主要体现在以下3个方面。

（1）网站中的产品图片都使用的是PNG格式，图片过大，对应的<img>标签也没有设置alt属性。

（2）没有为Logo图片添加<h1>标签，也没有为Logo图片设置alt属性。

（3）采用内部CSS样式。

为了实现更好的SEO效果，SEO人员决定优化首页。

【实训要求】

（1）将首页中的产品图片的格式改为JPG格式，减小图片尺寸，并为<img>标签添加alt属性。

（2）为Logo图片添加<h1>标签，并设置alt属性。

（3）将首页内部的CSS样式代码改为外部CSS样式文件。

微课视频：优化
千履千寻首页

【实施过程】

步骤01 ▶ 打开素材文件夹中的"images"文件夹（配套资源：\素材\项目五\课堂实训\images\），选择"p1.png"~"p11.png"图片文件，在右侧的详细信息窗格中可以看到图片的分辨率为"400像素×400像素"，总大小为"1.98MB"，如图5-28所示。

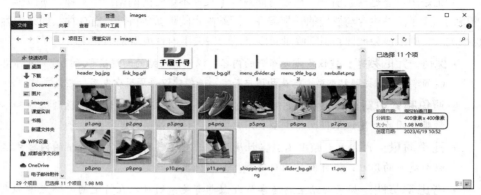

图5-28　查看图片文件的详细信息

步骤02 ▶ 使用Photoshop等软件将选择的图片的格式转换为JPG格式，分辨率缩小为"150像素×150像素"。在详细信息窗格中可以看到图片的总大小为"143KB"，如图5-29所示。

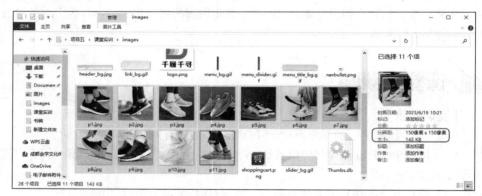

图5-29　查看转换后的图片文件详细信息

步骤03 ▶ 使用记事本打开"index.html"网页文件（配套资源：\素材\项目五\课堂实训\index.html），使用查找功能查找"p1.png"文本，找到插入该图片的代码，如图5-30所示。

```
<div class="center_prod_box">
    <div class="product_title">361° 运动鞋 黑色 </div>
    <div class="product_img"><a href="#"><img src="images/p1.png" alt="" width="150" border="0" /></a> </div>
    <div class="prod_price"><span class="reduce">299.00¥</span> <span class="price">139.00¥</span> </div>
</div>
```

图5-30　查找插入"p1.png"图片的代码

步骤04 ▶ 将"p1.png"改为"p1.jpg"，并将alt属性的值设置为与其对应的产品的名称"361° 运动鞋 黑色"，如图5-31所示。

```
<div class="center_prod_box">
  <div class="product_title">361°运动鞋 黑色</div>
  <div class="product_img"><a href="#"><img src="images/p1.jpg" alt="361°运动鞋 黑色" width="150" border="0" /></a></div>
  <div class="prod_price"><span class="reduce">299.00¥</span> <span class="price">139.00¥</span></div>
</div>
```

图5-31　修改插入图片的代码

步骤 05 ▶ 使用相同的方法将代码中的"p2.png"～"p11.png"修改为"p2.jpg"～"p11.jpg"，并修改它们的alt属性为图片对应的产品的名称。

步骤 06 ▶ 查找"logo.png"文本，找到插入该Logo图片的<img>标签，然后在该标签外围添加一个<h1>标签，并将"logo.png"图片的alt属性设置为"千履千寻"，如图5-32所示。

```
<div id="header">
  <div class="top_right"><img src="images/banner728.png" alt="" border="0" /> </div>
</div>
<div id="logo"> <img src="images/logo.png" alt="" border="0" /> </div>
```

```
<div id="header">
  <div class="top_right"><img src="images/banner728.png" alt="" border="0" /> </div>
</div>
<div id="logo"> <h1><img src="images/logo.png" alt="千履千寻" border="0" /></h1> </div>
```

图5-32　为Logo图片添加<h1>标签

步骤 07 ▶ 在"素材\项目五\课堂实训\"文件夹中新建一个文本文件，并修改名称为"mycss.css"，使用记事本打开该文件。剪切"index.html"文件中<style>和</style>之间的代码，粘贴到"mycss.css"文件中，并保存文件，如图5-33所示。

步骤 08 ▶ 将"index.html"文件中的<style>和</style>删除，并在该位置输入代码"<link href="mycss.css" rel="stylesheet">"，即引入"mycss.css"文件的代码（配套资源：\效果\项目五\课堂实训\mycss.css），如图5-34所示。

图5-33　剪切代码到"mycss.css"文件　　图5-34　输入引入"mycss.css"文件的代码

课后练习

一、选择题

1. 下面关于语义标签的说法错误的是（　　）。
   - A. 使用语义标签可以帮助搜索引擎识别网页不同部分的内容，提高抓取效率
   - B. HTML5以前的版本不支持语义标签
   - C. 语义标签包括<head>、<nav>、<main>、<foot>等
   - D. 使用<div>标签加id、class属性的方式也可以实现语义标签的功能

2. 网页中常用的图片格式不包括（　　）。
   - A. JPG
   - B. BMP
   - C. PNG
   - D. GIF

3. 要在网页中引入"my01.js"文件，正确的代码是（　　）。
   - A. <script src="my01.js"></script>
   - B. <script href="my01.js"></script>
   - C. <link src="my01.js">
   - D. <link href="my01.js">

二、判断题

1. HTML源代码中的注释主要用于提示程序员和设计人员，其作用非常重要，不能删除。　　　　　　　　　　　　　　　　　　　　　　　　　　（　　）

2. 搜索结果页面中标题部分显示的字数有限，网页标题的长度最好不要超过30个中文字符。　　　　　　　　　　　　　　　　　　　　　　　　（　　）

3. 网站中的每个网页都应该具备一个独一无二的标题。　　　　　　（　　）

三、简答题

1. 简述优化网页中的图片需要注意的问题。
2. 简述为图片添加alt属性的作用。
3. 简述H标签对搜索引擎的作用。
4. 采用<div>标签布局网页可以对SEO产生怎样的积极影响？
5. 原创内容对于SEO的作用主要有哪些？

四、操作题

对"爱尚汽车"网站的首页文件（配套资源：\素材\项目五\课后练习\）的结构和代码进行优化（配套资源：\效果\项目五\课后练习\）。

- 将首页中的产品图片的格式改为JPG，减小图片尺寸，并为<img>标签添加alt属性。
- 为Logo图片添加<h1>标签，并为其添加alt属性。
- 将内部JavaScript脚本改为外部JavaScript脚本文件。
- 将内部的CSS样式代码改为外部CSS样式文件。

项目六 优化网站链接

项目背景

　　优化网站链接不仅可以提高网站的排名，还可以提升用户体验和拓展用户的页面访问深度，从而提高网站流量和转化率。本项目将通过佳美馨装饰网的链接优化，系统介绍优化网站链接的方法，使网站更受搜索引擎青睐。

知识目标

- 了解链接的定义、应用和分类。
- 掌握优化网站内部链接、外部链接的方法。
- 掌握添加友情链接的方法。
- 掌握查找和处理死链接的方法。

技能目标

- 能够对网站中的内部链接和外部链接进行优化。
- 能够查找和处理网站中的死链接。

素养目标

- 培养创新思维，增强自主解决问题的能力。
- 能够坚持不懈开展内容建设、链接优化和网站宣传推广。

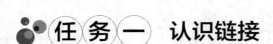

任 务 一 认识链接

在优化佳美馨装饰网的页面后，SEO人员还需要优化网站的链接。在正式开始优化之前，SEO人员决定先了解链接的相关知识，明确链接的定义、应用以及分类，以便更好地完成链接优化任务。

一、链接的定义与应用

链接是一种在网页上使用的，用于在各个网页之间进行跳转的网页元素，它通过在网页上添加可点击的文本、图像或其他元素，将用户引导到另一个网页、文档、图片等，或者同一网页中的另一个位置。当用户点击链接时，浏览器会根据链接指定的URL打开对应的资源或页面。

链接在互联网中应用广泛，它为用户提供了方便、快捷的跳转方式，使用户可以轻松地在不同网页之间切换。链接通常以蓝色字体显示，鼠标指针悬停在其上方时会出现下画线或其他特殊效果，提示用户相应文本或图像可以被单击。

除了在网页上的应用，链接也被广泛用于电子邮件、文档和其他电子文本中，以便引导用户的行为。链接在互联网上的发展和应用为人们提供了方便、快捷、高效的信息交流和共享方式。

二、按链接对象分类

在网页中，链接的对象有很多，如文本、图片等，可以根据链接对象的不同对链接进行分类。

1. 文本链接

文本链接是一种通过文本来引导用户访问特定网页的链接，文本链接又可以分为锚文本链接、网址链接、邮件链接和纯文本链接。

- **锚文本链接**：锚文本链接的链接目标是网址，链接对象是一小段文本，可以在其中设置关键词，如下所示。

```
<a href="www.abc***123.com">×××网站</a>
```

- **网址链接**：网址链接的链接目标和链接对象都是网址，如下所示。

```
<a href="www.abc***123.com">www.×××.com</a>
```

- **邮件链接**：邮件链接的链接目标是电子邮件地址，单击该链接可以启动系统默认的电子邮件程序，如下所示。

```
<a href="mailto:name@abc***123.com">发邮件</a>
```

- **纯文本链接：**纯文本链接是以纯文本的方式显示的网址信息。严格意义上来说，它并不是链接。纯文本链接不能单击，但是可以通过复制粘贴的方式在浏览器中打开，如下所示。

www.abc***123.com

2. 图片链接

图片链接的链接对象是图片，如下所示。

`<a href="www.abc***123.com"><img src="Logo.png"></a>`

其链接目标是"www.abc***123.com"网址，链接对象是"Logo.png"图片。

三、按内外分类

按内外分类，可以将链接分为内部链接和外部链接。

1. 内部链接

内部链接是指网站内部不同网页之间的链接。内部链接可以为用户提供更好的导航和使用体验，使用户能够轻松地浏览和查找他们感兴趣的内容。同时，内部链接也可以为搜索引擎提供有关网站内网页层次结构和主题的重要信息，有助于提高网站的排名。例如，频道页、栏目页、内容页之间的链接都是内部链接，如图6-1所示。

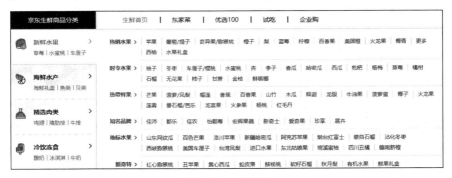

图6-1 内部链接

2. 外部链接

外部链接是指一个网站上的链接指向其他不同域名下的网站的链接。外部链接也被称为外链或反向链接。外部链接可以增加网站的知名度和可信度，提高网站的流量和排名。外部链接的表现形式有很多，网站中的友情链接就是比较常见的外部链接形式，如图6-2所示。

图6-2 外部链接

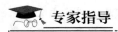

专家指导

> 由于外部链接具有不可操控性，网站所有者不能直接控制其他网站指向自己的网站，所以网站外部链接的数量和质量能够更准确地反映网站内容的受欢迎程度，因此，搜索引擎在计算排名时更看重外部链接。

任务二 优化内部链接

在了解了链接的相关知识后，SEO人员决定先优化佳美馨装饰网的内部链接。这样，不仅可以为网络蜘蛛识别网站主题和抓取网页提供一条绿色通道，提高搜索引擎对网站的抓取效率，还可以为用户提供优质的阅读体验。

一、内部链接的作用

内部链接可以在网站的不同网页之间创建联系，使用户可以在不同网页之间自由地跳转。这样，用户可以更容易地找到他们需要的信息，从而提升用户体验和满意度。同时，内部链接还可以增加网页浏览量，提升网站的访问量，从而提高用户对网站的黏性。此外，搜索引擎会将网站的内部链接数量视为网站的权威度，数量越多，网站的权威度越高，排名也就越高。内部链接还便于分享给其他用户，使他们能够更快速地找到所需的信息，为网站引进更多流量。

1. 加速蜘蛛爬行

一个网页要被收录，首先要能够让网络蜘蛛爬行到。当网络蜘蛛访问网站时，它们会从网站的一个网页开始，然后沿着该网页上的链接爬行到其他网页。如果网站内部链接数量多、分布均匀，且网页之间的链接关系清晰，那么网络蜘蛛可以更快地找到并抓取所有网页。这可以提高网络蜘蛛的爬行速度，从而使搜索引擎更快地了解网站的内容和结构。

但如果网站的内部链接有大量的死链、断链，网络蜘蛛的爬行就会不畅，它就无法抓取网站的优质内容。正确地优化网站的内部链接，可以使网站的"经脉"通畅，使搜索引擎的抓取畅通无阻。

2. 提升用户体验

内部链接可以让用户更轻松地发现和浏览网站中的其他网页，使用户能够在网站中长时间停留，并浏览更多的网页，从而提高网站的浏览量。网站中优秀的内部链接越多，网页被点击的概率也就越大，浏览量和点击量也就越高。这样搜索引擎会认为网站内容对用户很有帮助，就会给予其良好的排名。

3. 加强权重传递

当一个网页链接到另一个网页时，这些网页的权重可以通过链接传递，因此，合理使用内部链接，可以让权重在网站内部传递。大量的内部链接指向某些具体的网页，有助于权重向这些网页集中，促使搜索引擎识别出网站中的重要网页，进而提升该网页的排名。因此，SEO人员在SEO的过程中，可以为参与核心关键词排名竞争的网页创建大量突出核心关键词的内部链接，从而使这些网页在搜索引擎中更具有排名优势。

二、导航栏优化

导航栏是网站不可缺少的部分，是非常重要的内部链接区域。由于导航栏位于网站顶部，因此搜索引擎会优先抓取它，并给予较高的权重。图6-3所示为腾讯网的导航栏，其中包括新闻、财经、科技、娱乐等栏目，用户通过导航栏可以很方便地进入相关网页。

图6-3 腾讯网的导航栏

SEO人员在优化导航栏时，还需要注意以下6个方面。

- **在导航文本中布局关键词**：在导航文本中插入相应的关键词，有利于搜索引擎通过关键词了解对应栏目的具体内容，进而实现网页的收录。
- **设置分类导航**：如果网站的栏目非常多，每个栏目下又有很多子栏目，无法将所有栏目全部放置在导航栏中，就可以在导航栏下方增加分类导航，这样可以容纳更多的栏目。
- **按照重要性排序**：网站导航栏目顺序应从用户使用习惯出发。一般情况下，用户都会习惯从左向右看，因此应该把比较重要的栏目放置在导航栏的左侧，把次要的栏目放在导航栏的右侧，这有助于用户快速找到他们关注的内容。
- **使用文本链接**：导航栏应使用文本链接，避免使用过多的选项和过于复杂的设计，这些内容不容易被搜索引擎识别和抓取。使用文本链接制作导航栏有利于提升网页的排名。
- **显示当前位置**：在导航栏中显示当前网页的位置，让用户知道他们当前所处的位置和如何跳转到其他网页。
- **颜色搭配**：导航栏的颜色应该与网站的整体风格相一致，避免使用过于突兀或太过刺眼的颜色。

三、面包屑导航优化

面包屑导航是一种非常实用的网站导航方式，能够让用户更加方便地了解当前所处网页的位置和层级，从而更好地浏览和查找需要的内容。面包屑导航通常位于导航栏的下方，如图6-4所示。

图6-4　面包屑导航

SEO人员在优化面包屑导航时，需要注意以下5个方面。

- **确定层级结构：** 在优化面包屑导航时，要按照网站实际的层级结构，确定网页所处的位置和级别，从而确定面包屑导航中需要显示的层级结构。

- **做成链接形式：** 面包屑导航必须做成链接形式。有些网站的面包屑导航只是文本，没有设置链接，这样的面包屑导航只是一个摆设，没有任何作用。

- **布局关键词：** 要在面包屑导航中布局相应的关键词，如果关键词长度较长，则可以使用<a>标签的title属性进行设置。

- **显示清晰、简洁：** 面包屑导航要简洁明了，一般情况下建议只显示当前网页的上一级和上上级，超过3级的面包屑导航可能会给用户带来困扰。

- **友好易用：** 面包屑导航要方便用户使用，一般情况下建议在网页的顶部或者左侧显示，样式要与网页整体风格一致，不要使用过多的图标和动画效果。

四、相关导航

相关导航是非常重要的内部链接，一般位于栏目页或内容页，用于显示与本页内容具有相同分类或者其他相关属性的网页的链接。用户在浏览网页时，其中的内容不一定会完全满足其需求，还需要查找其他相关内容，此时网页中的"相关导航"板块可以帮助用户及时找到需要的内容，既为用户提供了便利，节约了时间，又增加了网站的浏览量，降低了跳出率。

例如，在电商网站中，通常会在产品详情页中根据产品的特点添加多种不同形式的相关导航。图6-5所示为京东商城某图书的详情页，其中的"人气单品""七日畅销榜""新书热卖榜"等板块都是相关导航。

图6-5　某图书详情页的相关导航

五、锚文本优化

锚文本是创建链接时所显示的文本，优化锚文本，可以提高网页权重、提升排名等。图6-6所示的网页中的"装修"和"家装"链接就是锚文本，其链接目标是网站中的"装修公司"栏目页。

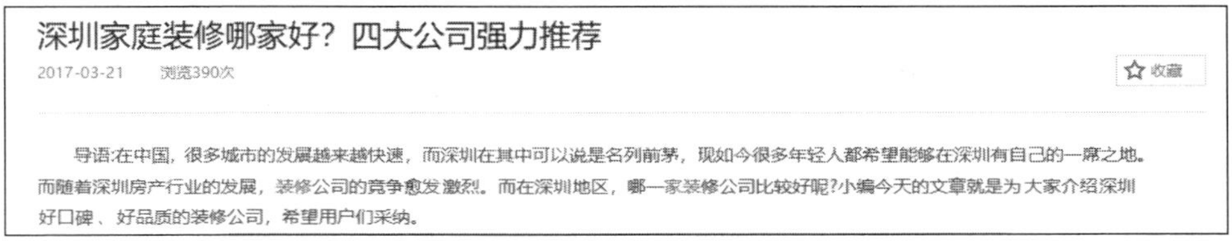

深圳家庭装修哪家好？四大公司强力推荐
2017-03-21　浏览390次　　　　　　　　　　　　　　　　☆收藏

导语:在中国,很多城市的发展越来越快速,而深圳在其中可以说是名列前茅,现如今很多年轻人都希望能够在深圳有自己的一席之地。而随着深圳房产行业的发展,装修公司的竞争愈发激烈。而在深圳地区,哪一家装修公司比较好呢?小编今天的文章就是为大家介绍深圳好口碑、好品质的装修公司,希望用户们采纳。

图6-6　锚文本

1. 锚文本优化的作用

锚文本优化是SEO中必不可少的一部分，在网页中适当添加锚文本，能够提升锚文本所在网页和所指向网页的权重，从而提高关键词排名。锚文本的作用主要体现在以下3个方面。

- **提升所在网页的排名：** 网页中的锚文本通常都与网页自身的内容有一定的关系，因此，搜索引擎可以通过锚文本来了解锚文本所在网页的内容，从而提升该网页中锚文本关键词的排名。
- **提升指向网页的排名：** 锚文本能够精确地描述所指向网页的内容，因此，搜索引擎可以通过锚文本来了解其指向网页的内容，从而提升锚文本所指向网页的排名。
- **提升用户体验：** 当用户浏览某个网页时，用户可以通过锚文本快速跳转到其他相关网页，从而快速、准确地找到自己所需的信息。

2. 锚文本优化的注意事项

锚文本中不仅要融入关键词，还要保证文本的自然性、多样性等。同时，需要注意避免过度优化，以免被搜索引擎视为垃圾信息。以下是一些锚文本优化的注意事项。

- **使用关键词作为锚文本：** 将主要关键词作为链接文本，可以帮助搜索引擎更好地理解链接的主题，提高网页在相关搜索结果中的排名。
- **使用相关词汇：** 如果关键词比较难以融入锚文本，则可以使用与关键词相关的词汇来替代。
- **使用多样化的锚文本：** 多样化的锚文本可以帮助网页获得更多的链接信任度，提高网页的排名。
- **避免使用"单击这里"：** 使用"单击这里"之类的文本作为锚文本不能帮助搜索引擎理解链接的主题，也不利于网页排名。

• **保持锚文本自然：** 锚文本应该自然，不应该过度优化或出现重复内容。如果锚文本过度优化，可能会被搜索引擎视为垃圾信息，从而导致网页权重降低。

六、使用网站地图

网站地图是一个网站的结构图，其中列出了网站的所有主要网页和子页面。网站地图可以帮助搜索引擎更好地了解网站结构和内容。很多网站的链接层次比较复杂，网络蜘蛛很难全部抓取，而网站地图可以引导网络蜘蛛抓取网站中难以抓取的网页。

网站地图（Sitemap）一般存放在网站根目录下，其格式有以下3种。

• **HTML格式：** 百度建议使用HTML格式的网站地图。

• **XML格式：** Google建议使用XML格式的网站地图。

• **TXT格式：** Yahoo建议使用TXT格式的网站地图。

手动制作网站地图比较烦琐，这时，可以使用一些工具来自动生成网站地图文件。

案例 6-1　使用 SiteMap X 软件制作网站地图

微课视频：使用 SiteMap X软件制作网站地图

步骤 01 ▶ 下载并安装SiteMap X，双击桌面中的"SiteMap X"快捷方式启动SiteMap X，单击▦按钮打开"添加工程"对话框，在其中输入工程名称和组名，然后单击 ⊘ 确定 按钮，如图6-7所示。

步骤 02 ▶ 进入"基本信息"选项卡，在"Base地址"文本框中输入要制作的网站地图的域名，在"抓取文件目录深度"下拉列表中设置要抓取的文件目录深度，其他的选项保持默认设置，单击 ▶ 下一步 按钮，如图6-8所示。

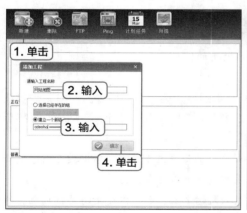

图6-7　添加工程

图6-8　基本信息设置

步骤 03 ▶ 进入"XML设置"选项卡，在其中设置网站地图的格式和风格，完成后单击 ▶ 下一步 按钮，如图6-9所示。

步骤 04 ▶ 进入"Robots设置"选项卡，取消选中"是否上传robots.txt文件"复选框，完成后单击 ⊘ 抓取 按钮，如图6-10所示。

图6-9　XML设置

图6-10　Robots设置

步骤 05 ▶ SiteMap X开始抓取网站中的链接，抓取完毕，单击 ▶ 下一步 按钮，如图6-11所示。

步骤 06 ▶ 打开的界面中会显示抓取到的链接，单击 生成XML文件 按钮，打开"生成Sitemap文件"对话框，如图6-12所示，然后单击 打开文件目录 按钮。

图6-11　抓取网站中的链接

图6-12　生成Sitemap文件

步骤 07 ▶ 在打开的文件夹中可以看到生成的文件，如图6-13所示，将sitemap.html、sitemap.txt和sitemap.xml这3个文件上传到网站的根目录中。

图6-13　生成的文件

任务 三　优化外部链接

在完成佳美馨装饰网的内部链接优化后，SEO人员需要继续优化外部链接。优化外部链接时，首先要了解判断外部链接质量的方法，然后要掌握挖掘优质外部链接的方法。

一、外部链接的作用

外部链接曾经是搜索引擎用来评估网页质量的重要参考因素之一，会直接参与搜索结果排序计算。随着搜索引擎算法的不断更新，外部链接的作用逐渐降低，但外部链接在SEO的过程中还是有很大的作用。

- **提升网站权重：** 权重是影响搜索引擎排名的重要因素，而外部链接是搜索引擎判断网站权重的重要依据之一。一个网站的外部链接越多，发出链接的网站权重越高，说明被链接的网页受更多人的信任，那么该网页的权重也就越高。另外，每个网页的权重也会累积到网站的权重中，进而提升整个网站的权重。如果一个网站有来自权重极高网站的链接，那么该网站的权重也会有一定的提升。

- **提高网站曝光度：** 以纯网址链接形式发起外部链接，可以有效地提高网站的网址在互联网中的曝光度，可以通过网址获得一部分流量，使网站推广工作顺利进行。

- **提升关键词排名：** 搜索引擎将外部链接作为衡量网站质量和相关性的指标之一。具有高质量和相关性的外部链接可以帮助网站在搜索引擎中获得更高的排名。

- **增加网站流量：** 一个优质的外部链接可以为网站带来很大的流量，用户通过点击外部链接就可以从一个网站A跳转到另一个网站B，为网站B带来流量。网站A的知名度越高、用户越多，带给网站B的流量也就越大。

- **提高网站收录量：** 网络蜘蛛依靠网站之间的外部链接才能进入一个新的网站，一个网站或网页如果没有外部链接导入，就无法被网络蜘蛛抓取并收录。所以对一个新的网站而言，要尽量创建较多的外部链接，以便被网络蜘蛛发现和抓取，提高网站的收录量。

- **增加信任度和权威性：** 高质量的外部链接可以向用户证明网站上的内容或资源是可信和有价值的，从而增加网站的权威性。

- **提高竞争力：** 外部链接可以为网站和其他网站建立合作关系，共同推广品牌和产品，提升品牌知名度和市场竞争力。

二、外部链接的查询方法

外部链接对SEO非常重要，在SEO时需要时刻掌握网站的外部链接情况。使用站长工具网站中的"反链外链查询"工具或爱站网的"反链查询"工具可以查询网站外部链接的情况。

微课视频：使用站长工具网站中的"反链外链查询"工具

案例 6-2　使用站长工具网站中的"反链外链查询"工具

步骤 01 ▶ 在站长工具网站中展开"SEO优化"下拉列表，在其中选择"反链外链查询"选项，如图6-14所示。

图6-14　选择"反链外链查询"选项

步骤 02 ▶ 在打开页面的搜索框中输入要查询的网站的域名，单击 查询 按钮，即可查询指向该网站的外部链接，如图6-15所示。

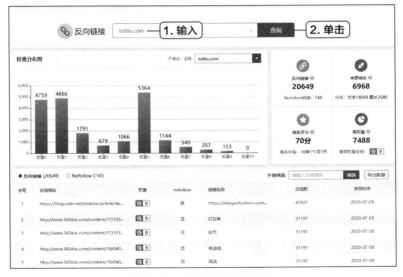

图6-15　外部链接查询结果

三、选择优质的外部链接

自从搜索引擎给予外部链接高度重视后，很多网站就试图通过添加大量外部链接的方式提升自己网站的排名。但这种做法并不可取，搜索引擎越来越重视外部链接的质量和自然性，而不是数量。因此网站应该注重外部链接的质量，选择与网站内容相关的、来自权威和可信度高的网站的外部链接，并避免使用不自然的链接方式。

1．来源网站要权威

搜索引擎通常会根据外部链接来源网站的质量和权威性来评估目标网站的相关性和价值，因此选择高质量、有影响力和可信赖的网站来建立外部链接是非常重要的。例如，高质量的媒体网站、有影响力的社交媒体、业内权威网站和论坛、.gov或.edu域名网站，这些网站的权威性通常都比较高，所以它们发出的外部链接的质量也比较好，但是获取的难度比较大。

2．要与来源网站内容相关

发起外部链接网页和接收外部链接网页的内容应该是密切相关的，如目标网站是一家卖运动鞋的电商网站，那么选择与运动相关的网站来建立链接就是合适的。如果外部链接来自不相关的网站，则可能会被搜索引擎视为不自然的链接行为，从而影响网站的排名。

3．来源网站的权重要高

外部链接的来源网站的权重对目标网站的排名和流量有着重要的影响。搜索引擎通常会将权重高的网站作为参考，认为这些网站提供的链接是有价值的，目标网站便能获得更多的流量。因此，建立来自高权重的网站的链接是非常有益的。

4．来源网站的内容要健康

搜索引擎通常会将来源网站的内容作为一个重要的参考因素，如果来源网站的内容中包含暴力、赌博等不健康的内容，或者有大量的弹窗广告，网站的排名就会受到非常大的负面影响，甚至会因此受到搜索引擎的处罚。

5．外部链接的来源要广泛

SEO人员在选择外部链接来源网站时，可以将广泛性作为一个重要的参考因素。虽然选择高权重、相关、健康的网站来建立外部链接可以提高链接的质量和可信度，但如果只依赖少数网站来建立外部链接，则很可能会让搜索引擎认为这是人为操纵的结果，这与搜索引擎基于外部链接网页来提升排名的初衷是背道而驰的。

6．外部链接的来源位置要多样

正常的外部链接可能存在于来源网站中网页的不同位置，通常与网页内容相关，如位于文章正文的外部链接通常与文章主题相关；位于侧边栏的外部链接可能与网站主题相关，也可能是广告或合作伙伴的链接；位于网页底部的外部链接可能是网站的社交媒体链接；位于页眉和页脚的外部链接通常是网站的合作伙伴、广告或其他重要信息的链接；位于图片和图表中的外部链接通常与图片和图表相关。来源位置过于单一就可能具有明显的广告性或欺骗性，从而对目标网站造成不良影响。

7．外部链接的锚文本要多样

外部链接锚文本的多样性是链接质量和排名的重要衡量因素。如果外部链接的锚文本都是相同的，就可能会被搜索引擎认为是人为操纵或作弊，这会对目标网站产生负面影响。因此，应该尽量使用多样的锚文本来链接到目标网站。

8. 目标网页要分散

SEO人员在添加网站外部链接时，不要将所有的外部链接都指向网站首页。将所有外部链接都指向网站首页也可能会被搜索引擎认为是不自然的行为，这可能会对网站的排名产生负面影响。正确的做法是：外部链接应该指向网站内各个层级的网页，将大部分的外部链接指向网站首页，再将2～3成的外部链接指向网站的栏目页或内容页，以增加链接的多样性和自然性。

9. 要多用单向链接

单向链接指的是其他网站提供指向目标网站的链接，而不需要目标网站提供回链接。单向链接通常是自然而然的链接，没有回链接，也没有交换链接，因此搜索引擎更容易认为这些链接是真实、自然的。因此，在搜索引擎中，单向链接比双向链接的权重要高。

四、外部链接的添加方法

为网站添加外部链接是一项比较费时的工作。那么怎样才能高效地添加外部链接呢？下面介绍一些为网站添加外部链接的方法。

- **论坛网站：** 在与网站内容相关的论坛注册成为用户，为签名添加关键词，并做成指向自己网站的外部链接，然后经常在论坛中发布和回复帖子。另外，在帖子的内容中也可以添加相应的指向自己网站的外部链接。

- **问答平台：** 到百度知道、新浪爱问、QQ问答、360问答等网站里回答用户的问题并带上自己网站的外部链接。

- **博客网站：** 到各大博客网站（百度空间、新浪、腾讯等）中留言，并带上自己网站的外部链接；开通新浪博客，发表一些原创文章，并带上自己网站的外部链接。

- **视频网站：** 在各大视频网站（爱奇艺、优酷视频、土豆视频、腾讯视频等）中发布一些视频，在视频标题和简介中可以附上自己网站的信息；也可以对一些视频做评论，在评论中带上自己网站的外部链接。

- **评论网站：** 到原创性比较高的网站（如豆瓣等）中去评论，账号名称用网站的名称。

- **利用搜藏和网摘：** 在天天网摘、百度搜藏、和讯网摘、QQ书签等网站中上传网站内容，并坚持有规律地发布帖子。

- **分类目录：** 在分类目录网站、所在行业的目录网站，以及一些开放性的导航网站中提交自己的网站。

- **行业信息网站：** 到行业信息网（慧聪网、黄页网等）中注册，这些网站会提供一个简单的子网站，在里面可以添加企业简介、产品信息和联系方式等内容，也可以在里面添加自己网站的外部链接。

- **利用软文：** 写好软文以后，应带上网站的外部链接和联系方式，发布在一些权重比较高的网站。另外，也可以和其他站长合作，在双方发布的软文里同时添加两个网站的链接，这样可以同时增加两个网站的外部链接。

任务四 添加友情链接

佳美馨装饰网的SEO人员为了更有效地推广网站，决定和互联网中的众多相关网站联系，与它们相互建立友情链接，以达到共同发展的目的。

一、友情链接的定义

友情链接指的是两个网站之间互相添加对方的链接，通常是为了建立互相推荐、交换流量或提高网站权重等。这种链接通常在两个网站之间进行，但也可以在多个网站之间建立链接交换关系。

友情链接的建立通常需要双方进行协商，确定链接的位置、样式、文本描述等。一般情况下，友情链接会放在两个网站的首页、友情链接页或相关内容页上，以便用户单击链接进行访问。

友情链接曾经是提高网站权重和流量的主要手段之一，但随着搜索引擎算法的不断升级，链接交换的方式和质量也受到了更加严格的限制。因此，SEO人员在建立友情链接时，应注意选择高质量、相关性强的网站，同时避免滥用和过度添加链接，以避免对自己网站产生不良影响。

二、获得友情链接的途径

获取友情链接的途径很多，如相关微信公众号、相关QQ群、相关论坛和友情链接工具软件等。

1. 相关微信公众号

在微信中可以搜索到很多交换友情链接的微信公众号，如图6-16所示。关注友情链接微信公众号后，就可以在其中找到适合自己网站的友情链接。

2. 相关QQ群

在QQ的"查找"对话框的"找群"选项卡中，搜索"友情链接"就可以查找到很多交换友情链接的QQ群，如图6-17所示。加入友情链接QQ群后，可以通过与群内成员聊天的方式找到适合自己网站的友情链接。

3. 相关论坛

很多站长论坛中都有"友情链接"板块，如图6-18所示。这类论坛中不仅每天都会发布大量的友情链接交换信息，还会发布网站建设、SEO、网络营销等相关信息。经常访问这类论坛，不仅可以找到优质的友情链接资源，还可以和论坛中的朋友一起探讨和学习网站建设、SEO等方面的知识。

图6-16　查找友情链接微信公众号

图6-17　查找友情链接QQ群

图6-18　"友情链接"板块

4. 友情链接工具软件

友情链接工具软件也是一种添加友情链接的途径，如链天下。链天下是一款专门针对网站友情链接交换、交易和监控的工具软件，目前拥有近十万有效网站资源，日均在线友情链接交换网站近3万家。链天下解决了网站友情链接交换过程中资源对接不集中、不及时等问题，大大提升了友情链接交换的工作效率。图6-19所示为链天下的主界面。

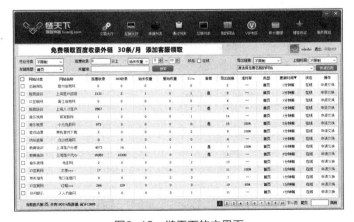

图6-19　链天下的主界面

三、交换友情链接的注意事项

交换友情链接可以帮助网站获得更多的流量和提升排名，但需要谨慎选择交换友情链接的网站，以确保交换的友情链接不会被视为低质量或垃圾链接，从而对网站产生负面影响。交换友情链接时应注意以下事项。

1．相关性要强

交换友情链接的两个网站的内容应具有相关性，这样可以提高链接的质量和价值，有助于提高自己网站的排名，同时也可以为自己网站带来更多的流量和提高转化率。

内容相关性强并不要求两个网站的行业相同，而是要求两个网站具备一定的相关性，如"数码产品"和"计算机、办公设备"的相关性较强，而和"服装鞋帽"就没有相关性。

2．网站权重要高

如果友情链接来自一个权重较高的网站，它就可以为网站带来更多的流量和更高的排名。因为搜索引擎更倾向于从权重高的网站获取链接，这些链接通常会被视为更有价值的链接。但是权重较高的网站却不希望和权重较低的网站交换链接，所以大多数情况下，网站都是和与自己网站权重相当的网站交换友情链接。因此，SEO人员在寻找友情链接时，应选择权重较高的或权重与自己网站权重相当的网站。

3．友情链接数量要少

如果网站上的友情链接过多，则这些链接可能会被搜索引擎视为垃圾链接，从而对网站产生负面影响。此外，如果链接到太多的其他网站，也可能会分散流量和链接权重，从而影响网站的排名。因此，需要在网站上放置少量的高质量友情链接。

4．不要做交叉友情链接

做友情链接时，双向链接的效果不如单向链接。有时会有多个网站一起做友情链接的情况，例如，有A、B、C、D这4个网站，网站A链接网站B，网站B链接网站C，网站C链接网站D，网站D又链接网站A，这就是交叉友情链接，由于所有链接都变为了单向链接，故权重传递的效果更好。

但是，交叉友情链接不可控制的环节较多，一旦中间有一个环节断裂，网站之间的权重就不能很好地传递。此外，如果其中有网站传递色情、赌博等垃圾信息，那么做交叉友情链接的网站可能会被搜索引擎处罚。

四、预防友情链接中的欺骗

在建立友情链接的时候，大部分网站都是诚实可信的，但是也有部分网站会利用某些带欺骗性的手段去建立友情链接，让它们的网站得到更高的权重，而不把权重传递给对方网站。以下是一些在建立友情链接时要特别注意的欺骗手法。

1．偷偷删除链接

有些网站可能会在一段时间后偷偷删除友情链接，这样它们能够从链接网站中获取流量和链接权重，而不用回传流量和权重。为了避免这种欺骗，应该定期到对方的网站中检查自己网站的友情链接是否存在，并及时通知对方网站，如果对方不及时恢复链接，就应立即删除对方网站的链接。

2. 降低友情链接的权重

这种欺骗手法是将友情链接做成一个单独的网页，但整个网站只在网站首页中有一个链接指向这个网页，这样的网页权重是非常低的，从而传递给链接网站的权重也非常低。所以在做友情链接时，需要检查对方网站是否每个网页都有指向友情链接网页的链接。

3. 友情链接不传递权重

这种欺骗手法是使用JavaScript脚本或iframe框架等方式来调用交换链接。这些内容不能被搜索引擎抓取，这样，双方互链的友情链接就变成了只向对方网站传递权重的，而对方网站不会回传权重的单项链接。所以在做友情链接时应检查对方网页的源代码，检查它是否使用了JavaScript脚本或iframe框架，并且应当经常检查，避免对方偷偷修改。

4. 禁止搜索引擎爬行链接

有些网站可能会通过robots.txt文件或nofollow标签禁止搜索引擎爬行友情链接，友情链接就变成了单向链接。应对这种欺骗手法，除了可以直接检测对方的网页源代码外，还可以通过一些外链检测工具来进行检测。

5. 利用多重首页欺骗

这种欺骗手法是制作两个首页，并采用不同的扩展名，提供检测的首页网址并不是真正的网站首页。例如，提供检测的网址是www.abc***123.com/index.php，但是在服务器中将.html设置为第一扩展名，而不是.php，这样搜索引擎或用户通过域名www.abc***123.com浏览的其实是www.abc***123.com/index.html。所以在做友情链接时，不能使用对方提供的网址检测，而应直接使用对方网站的域名检测。

6. 利用Cookies欺骗

这种欺骗手法会在第一次提供检测的网址上带一个参数，一旦用这个网址访问，就会自动在网页中添加自己网址的友情链接，并且将这个信息保存在浏览器的Cookies中。只要不清空Cookies或使用其他的浏览器，之后访问该网站时，即使没有参数，网页中的脚本程序也会读取Cookies中保存的数据，并在网页上显示网站友情链接。

但这对搜索引擎和其他用户来说，网页中根本没有友情链接。应对这种欺骗手法，不应直接使用对方网站提供的网址检测，而是应该通过直接输入域名的方式检测，并且要经常转换不同的浏览器或计算机检测。

任务五 查找与处理死链接

死链接是无效的链接，无法访问，一个网站如果存在大量死链接，就会严重影响网站的SEO效果，因此，佳美馨装饰网的SEO人员决定查找与处理网站中的死链接，以消除死链接带来的不利影响。

一、什么是死链接

死链接是指原本能够正常访问，但后来因为某些原因不能访问的链接。产生死链接的原因很多，了解这些原因，就可以采取相应的措施来消除死链接，并避免产生新的死链接。下面总结了5种产生死链接的原因。

- **网站改版：** 网站改版后可能会更改网站的URL结构、栏目层级、文件位置等，从而导致原有网页无法打开，最终导致搜索引擎收录的网页，以及其他网站中的外部链接也都无法打开。如果内容依然存在，只是网址变更了，则可以通过301跳转从旧网址跳转到新网址上；如果内容不存在了，则应返回404页面，并在搜索引擎中进行死链提交和删除快照等操作，让搜索结果页面中不再出现该网页。
- **伪静态设置：** 在SEO时会将动态URL进行伪静态设置，即让所有页面都通过新的静态链接访问，并屏蔽原有的动态链接，这样原来的动态链接就会成为死链接。遇到这种情况，建议在设置静态URL后不要立即屏蔽原有的动态链接，而应当在有一半以上的静态链接被收录时再屏蔽动态链接。
- **内容转载：** 如果网页内容转载自其他网站，则通常会带有很多链接，这些链接一般是相对路径，在新网站中没有对应的路径和文件就会成为死链接。所以在转载其他网站的内容时，要仔细检查并删除其中的链接。
- **内容被误删：** 网站后台操作时，如果不小心删除了某些文件，则也会产生死链接。这时要尽量恢复被删除的内容，若实在无法恢复，则要提交死链。
- **网站被黑客攻击：** 黑客攻击在网络中较为普遍，特别是中小型网站更是难以抵抗。因此，SEO人员要经常备份网站内容，这样当被黑客攻击时才能及时恢复。

二、查找死链接

网站运营过程中经常出现死链接，就需要及时查找和处理。互联网中有很多提供死链接检测的网站，可以通过以下3种方式查找死链接。

- **使用在线工具检测：** 有一些在线工具可以帮助检测网站中的死链接，如站长工具网站和爱站网中的"死链检测"工具等，这些工具可以扫描整个网站，列出所有的错误链接和死链接。

案例6-3　使用站长工具网站的"死链检测"工具查找死链接

微课视频：使用站长工具网站的"死链检测"工具查找死链接

步骤01 ▶在站长工具网站中单击"其他"下的"死链查询"超链接，在打开的网页中输入要检测死链接的网站的网址，选中"站内地址"和"站外地址"复选框，然后单击 ▇▇ 按钮，如图6-20所示。

步骤02 ▶系统开始检测网站的所有链接，并显示出网站中的总链接数、死链接数和非法链接数。选中"仅显示死链"单选项，下方的列表中会显示死链接，如图6-21所示。

图6-20 死链检测

图6-21 死链检测结果

- **查看日志文件：** 通过查看网站的日志文件，SEO人员可以看到哪些网页出现了404错误，从而确定哪些链接是死链接。

- **使用JavaScript脚本检查：** SEO人员可以使用JavaScript脚本检查网页中的链接是否有效，并列出所有的死链接。

```
01  var links = document.getElementsByTagName('a');
02  for (var i = 0; i < links.length; i++) {
03      var href = links[i].href;  // 获取链接地址
04      if (href) {
05          var request = new XMLHttpRequest();
06          request.open('HEAD', href, false);  // 发送HEAD请求检测链接是否有效
07          request.send();
08          if (request.status == 404) {
09              console.log(href + '是死链接。');
10          }
11      }
12  }
```

三、处理死链接

网站中的死链接过多，不仅会严重影响用户体验，而且会降低网站优化的效果。因此，必须及时处理死链接。常见的死链接处理方法主要有以下5种。

- **手动修复：** 对于可以恢复的死链接，SEO人员可以通过修改网页文件或恢复删除的文件等方式手动恢复。

- **使用robots.txt文件：** 对于无法恢复的死链接，可以使用robots.txt文件来屏蔽，以避免搜索引擎抓取这些链接并将其包含在搜索结果中。

- **使用301重定向：** 对于网页内容还在，只是网址改变而产生的死链接，可以使

用301重定向，将链接指向新的网址。

- **使用404页面**：如果网页内容已经不存在了，则需要为死链接设置一个自定义的404页面。通过这个网页告知用户网页内容不存在，并提供其他相关链接。
- **死链提交**：对于已经被搜索引擎收录的死链接，可以通过搜索引擎的死链提交功能向搜索引擎提交死链接，让搜索引擎从搜索结果页面中将死链接删除。

课堂实训

【实训背景】

为了提升千履千寻网站的SEO效果，现在需要对网站的链接进行优化，首先是优化内部链接，在网站的各个网页中根据一定规则添加指向其他网页的链接，构建内部链接；然后是在网站外部通过各种方式创建指向千履千寻网站的外部链接。

【实训要求】

（1）为Logo图片和Banner图片添加内部链接。

（2）为导航栏和面包屑导航添加内部链接。

（3）为"类别""特价商品""新商品""品牌"栏中的内容添加内部链接。

（4）为正文中的关键字添加内部链接。

（5）为页脚部分的其他网站的名称添加指向其网站域名的友情链接。

微课视频：优化千履千寻网站的链接

【实施过程】

步骤 01 使用Dreamweaver打开"yhzs20230203001.html"文件（配套资源：\素材\项目六\课堂实训\yhzs20230203001.html），选择Logo图片，在"属性"面板中设置"链接"为"index.html"，为Logo图片设置指向网站首页的链接，如图6-22所示。

步骤 02 选择Banner图片，在"属性"面板中为其输入要打开的网页的链接，如图6-23所示。

图6-22　为Logo图片添加链接

图6-23　为Banner图片添加链接

步骤 03 切换到拆分视图，选择导航栏中的文本，然后在代码视图中为它们分别添加对应的链接，如图6-24所示。

图6-24　为导航栏添加链接

步骤 04 ▶选择面包屑导航中的文本，然后在代码视图中为它们分别添加对应的链接，如图6-25所示。

图6-25　为面包屑导航添加链接

步骤 05 ▶选择"类别"栏下的文本，然后在代码视图中为它们分别添加对应的链接，如图6-26所示。

图6-26　为"类别"栏下的文本添加链接

步骤 06 ▶选择"特价商品"栏下的产品名称和图片，然后在代码视图中为它们分别添加对应的链接，如图6-27所示。

图6-27　为"特价商品"栏下的产品名称和图片添加链接

步骤 07 ▶ 选择"新商品"栏下的产品名称和图片，然后在代码视图中为它们分别添加对应的链接，如图6-28所示。

图6-28　为"新商品"栏下的产品名称和图片添加链接

步骤 08 ▶ 选择"品牌"栏下的文本，然后在代码视图中为它们分别添加对应的链接，如图6-29所示。

图6-29　为"品牌"栏下的文本添加链接

步骤 09 ▶ 为正文第一段中的"运动鞋"和"鞋子"文本添加指向网站首页的链接，为最后一段中的"皮鞋"文本添加指向"皮鞋"栏目的链接，为"皮革清洁剂"文本添加指向"其他"栏目的链接，如图6-30所示。

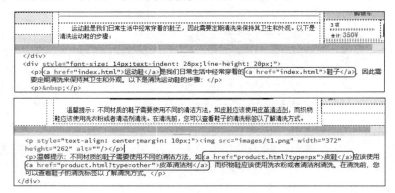

图6-30　为正文中的关键词添加链接

步骤 10 ▶ 为页脚部分的友情链接添加指向相应网站的外部链接，如图6-31所示（配套资源：\效果\项目六\课堂实训\yhzs20230203162102001.html）。

图6-31　添加外部链接

职业素养

　　SEO人员应具有较强的创新思维，能够以创新的方式应对挑战，并提出新的解决方案，以提高网站的排名和流量。

课后练习

一、选择题

1. 下列选项中，属于网站内部链接表现形式的是（　　　）。
   A. 网站导航　　　　　　　　B. 网站地图
   C. 图片链接　　　　　　　　D. 友情链接

2. 下列选项中，对于网站导航优化的描述，错误的是（　　　）。
   A. 设置网站导航时，可以多使用图片、Flash、JavaScript 等生成导航
   B. 导航中不要堆积关键词，这不利于用户体验
   C. 使用面包屑导航的网站的架构更加清晰，有利于提升用户体验
   D. 网站导航关键词可以按照重要性从左到右、从上到下依次排列分布，这样既符合用户的浏览习惯，又有利于搜索引擎的权重分配

3. 下列选项中，关于交换友情链接的注意事项，错误的是（　　　）。
   A. 交换友情链接时要注重行业相关性，也就是说两个网站的行业一定要相同
   B. 查看对方网站百度快照的更新速度，查看该网站是否正常
   C. 与高质量的网站交换友情链接，对自己网站比较有利
   D. 查看对方网站的百度权重，与权重相同或权重更高的网站交换友情链接

二、判断题

1. 纯文本链接是指从一个网页通过链接指向另外一个网页的链接。　　　（　　　）
2. HTML 版本的网站地图只适合网络蜘蛛抓取，不利于用户体验。　　（　　　）
3. 外部链接是其他网站指向自己网站的链接。　　　　　　　　　　　（　　　）

三、简答题

1. 内部链接的作用有哪些？
2. 如何优化面包屑导航？
3. 锚文本的作用有哪些？
4. 外部链接的作用有哪些？

四、操作题

1. 使用站长工具网站中的"反链外链查询"工具查询某个网站中的外部链接。
2. 使用爱站网中的"死链检测"工具查找某个网站中的死链接。

项目 七

SEO数据监测与分析

项目背景

　　SEO人员通过对网站SEO数据的实时监测和综合分析，可以提升网站的排名，为企业带来更多的流量和商业机会。本项目将通过监测与分析佳美馨装饰网的SEO数据，讲解各种专业的SEO工具和数据分析软件，综合分析网络流量和关键词排名，评估SEO策略的效果，进而定期更新和调整SEO方案，持续提高网站的竞争力和收益，实现企业的网络化营销目标。

知识目标

- 掌握监测与分析网站流量的方法。
- 掌握监测与分析用户访问数据的方法。
- 掌握分析网站日志的方法。
- 掌握分析收录与排名情况的方法。

技能目标

- 能够使用百度统计实时监测和分析网站流量和用户访问数据。
- 能够使用Excel和其他工具分析网站日志。

素养目标

- 提高解决实际问题的能力，能够直面SEO数据监测和分析过程中的各种问题，并高效解决问题、消化问题。
- 培养团队合作精神，能够与跨部门的团队成员进行协作。

任 务 一 　监测与分析网站流量

　　佳美馨装饰网的SEO人员在进行了一系列的优化措施之后，为了检测SEO的效果，需要监测与分析网站的流量数据，以了解网站SEO的效果，判断是否达到预期目标，并有针对性地改进网站优化方案。

一、认识三大流量来源

　　网站的流量来源主要包括直接访问、搜索引擎和外部链接3种。

- **直接访问流量：** 用户直接在浏览器中输入网站的网址或单击书签等访问网站而产生的流量被归为直接访问流量。直接访问流量能直接反映网站的知名度，是衡量网站知名度的一个指标。通常情况下，直接访问流量应占比20%左右。
- **搜索引擎流量：** 用户在搜索引擎中输入关键词，然后单击搜索结果链接访问网站而产生的流量被归为搜索引擎流量。搜索引擎流量反映了网站SEO的水平。通常情况下，搜索引擎流量应占比65%左右。
- **外部链接流量：** 用户单击其他网站中的链接访问网站而产生的流量被归为外部链接流量。外部链接流量反映了网站受欢迎的程度，以及网站外部推广工作的成效。通常情况下，外部链接流量应占比15%左右。

　　SEO人员通过百度统计"来源分析"栏下的"全部来源"报表查看网站三大流量来源的占比和变化趋势，如图7-1所示。

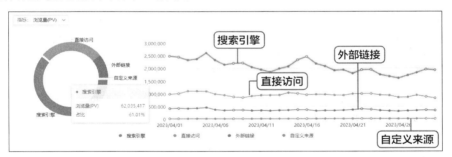

图7-1　三大流量来源的占比和变化趋势

通过图7-1可以分析出以下内容。

- 搜索引擎流量的占比约为61.01%，占比稍低，说明SEO的效果还有待加强。
- 搜索引擎流量的起伏变化较大，说明通过搜索引擎访问网站的用户随着日期会有较大的变动。

二、监测与分析PV与UV

　　页面浏览量（Page View，PV）是指网站被浏览的总页数，也可以理解为网站被访问的次数。网站中每个网页每被访问一次，PV值就会增加1。PV是衡量网站流量和受欢迎程度的重要指标之一，通常用于网站的流量分析和广告投放的评估。

独立访客数（Unique Visitor，UV）是指访问网站的独立计算机客户端的个数。UV与PV不同，一个用户在一天内多次访问网站，UV只计算一次，而PV则会计算多次。通常，UV通过网站访问日志中的IP地址、Cookie等信息来判断访客是否独立。与PV相比，UV更能反映出网站的实际用户数量，是评估网站用户规模和市场覆盖度的重要指标之一。

1. 查询PV与UV数据

SEO人员通过百度统计的"趋势分析"报表查看网站的PV、UV数据和变化趋势，如图7-2所示。

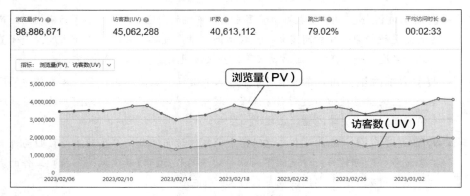

图7-2　PV、UV数据和变化趋势

通过图7-2可以分析出以下内容。

- 该网站的PV值约为UV值的2.19（98 886 671÷45 062 288≈2.19）倍，也就是说，平均每个用户访问了约2.19个网页，说明网站内容对用户的吸引力还有待加强。
- 网站的PV值以7天为周期，分为4段有规律地组成了波浪起伏的周期曲线，并且在周末更高（连续的两个空心点），说明用户更喜欢在周末访问该网站。

2. PV-UV联动变化图

网站的PV与UV变化趋势并不一定是相同的，SEO人员可以根据PV-UV的联动变化图了解网站运营情况，并制订改进方案，如图7-3所示。

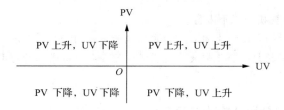

图7-3　PV-UV的联动变化图

根据PV-UV的联动变化图可以得出以下结论。

- **PV上升，UV上升**：网站运作良好。

- **PV上升，UV下降：**网站还需加强推广。
- **PV下降，UV上升：**网站需要优化内容。
- **PV下降，UV下降：**网站需要同时进行推广和内容优化。

三、检测与分析网站跳出率

网站跳出率（Bounce Rate）是指用户进入网站后，在没有访问网站其他网页的情况下就直接离开网站的比例，是单个网页的访问次数与网站总访问次数的百分比。

网站跳出率是评价一个网站质量和用户体验的重要指标。网站跳出率过高，说明用户没有找到他们所需的内容，或者网站的加载速度太慢，或者网页设计不吸引人等。这些情况都可能导致用户对网站不满并离开网站，从而影响网站的排名和转化率。

不同类型的网站，其正常的跳出率也有所不同。通常情况下，网站跳出率平均值约为40%，其中零售网站为20%～40%，门户网站为10%～30%，服务型网站为10%～30%，内容网站为40%～60%。

1. 查询网站跳出率

在百度统计的"趋势分析"报表中可以查看网站跳出率和变化趋势，如图7-4所示。

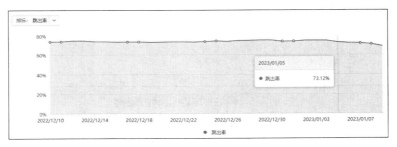

图7-4　网站跳出率和变化趋势

通过图7-4可以分析出以下内容。

- 网站的跳出率一直稳定在60%以上，跳出率过高，说明网站内容对用户的吸引力不足，需要找出原因并加以改进。
- 网站的跳出率从2023年1月5号开始有所下降。

2. 跳出率过高的原因

通常情况下，网站跳出率过高，可能存在以下5方面的原因。

- **网站内容与用户需求不符：**用户从搜索引擎或其他来源访问网站，但网页中的内容与用户的搜索意图或期望不符，这会使用户有"上当"的感觉，从而直接关闭网页，网站的跳出率便会增加。
- **访问速度过慢：**通常情况下，如果网站超过3秒还没有完全打开，则大部分用户会直接选择离开。所以网站的加载速度过慢，会大幅度增加网站的跳出率。
- **网页缺乏可读性：**如果网站的内容排版混乱、字号太小或难以阅读，则用户可能会很快离开。

- **广告或干扰过多：** 如果网站上有太多的广告或弹出窗口等干扰用户体验的元素，则用户可能会不再浏览，直接离开。
- **内容引导较差：** 用户在浏览完一个网页后，如果没有得到相关信息的引导，很有可能就会直接关闭网页。

四、检测与分析平均访问页数

平均访问页数也叫访问深度（Depth of Visit），是指平均每个用户在一次浏览网站的过程中所访问的网页数量，是衡量网站的吸引力和内容质量的重要指标之一。平均访问页面数越大，说明用户对网站的内容越感兴趣，用户体验度也越高，网站的黏性也越强。

SEO人员通过百度统计的"趋势分析"报表查看网站平均访问页数的趋势，如图7-5所示。

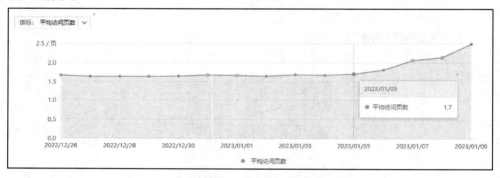

图7-5　网站平均访问页数的趋势

通过图7-5可以分析出以下内容。

- 网站的平均访问页数一直稳定在1.7左右，说明网站内容对用户的吸引力不足，需要找出原因并加以改进。
- 网站的平均访问页数从2023年1月5号开始上升，并在2023年1月9号达到2.5左右，说明网站的优化起到了一定的作用。

五、检测与分析平均访问时长

平均访问时长是指用户访问网站所花费的平均时间。该指标通常用来衡量用户对网站内容的感兴趣程度和参与程度，也可以用来评估网站的吸引力和用户体验。

通常情况下，平均访问时长越长，说明用户对网站或应用程序感兴趣的程度越高，参与度越高；平均访问时长越短，则可能表示用户体验不佳，或者网站或应用程序的内容无法满足用户的需求。

SEO人员通过百度统计的"趋势分析"报表查看网站平均访问时长的趋势，如图7-6所示。

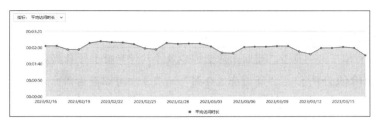

图7-6 网站平均访问时长的趋势

通过图7-6可以分析出以下内容。

- 网站的平均访问时长以7天为周期呈波浪起伏状态，并且在周末最低，说明用户更喜欢在工作日访问该网站。
- 网站的平均访问时长整体呈下降趋势，如前两周工作日的平均访问时长明显大于2分30秒，而后两周工作日的平均访问时长只在2分30秒左右，说明用户对网站的兴趣有所下降。

任务二 监测与分析用户访问数据

佳美馨装饰网的SEO人员除了要监测与分析流量数据外，还需要监测与分析用户访问数据，包括受访页面、入口页面、页面点击图等，通过这些数据可以了解用户访问网站的具体情况。

一、监测与分析受访页面

受访页面是指用户在网站上访问的每个具体网页。它是衡量网站流量和访问质量的重要指标之一。SEO人员通过分析受访页面的流量、访问时长、跳出率等指标，可以了解用户对网站的兴趣和需求，从而优化网站内容和布局，提升用户体验和提高转化率。

受访页面可以是网站的首页、产品页、博客文章页、新闻报道页等任意网页。在网站分析中，通常需要将受访页面划分为不同的类别，以便更好地了解用户的行为和偏好。例如，可以将受访页面分为产品页、博客页、营销页、服务页等，以便分析不同类别网页的表现和效果。

SEO人员通过百度统计的"受访页面"报表，可以分析出网站中最受用户欢迎的网页，如图7-7所示。

图7-7 "受访页面"报表

通过图7-7所示的"受访页面"报表可以获得以下信息。

- **指标概览**：在"指标概览"选项卡中可以查看网站每个网页的浏览量、访客数、贡献下游浏览量、退出页次数，以及平均停留时长等数据。

- **页面价值分析**：在"页面价值分析"选项卡中可以查看用户进入网站后比较关注的网页，以及这些网页的相关数据。SEO人员可以据此了解用户所关注的网站内容，并根据这些内容及时更新或调整网页信息与布局，以促进用户的转化。

- **入口页分析**：在"入口页分析"选项卡中可以查看用户进入网站后首先访问的网页，以及这些网页的相关数据。这些网页会影响用户对网站的第一印象，对用户是否继续访问网站，以及最终是否选择网站的产品或服务起着决定性的作用。SEO人员可以从网页美观度、操作方便性、内容专业性等方面提升这些网页的质量，以促使用户继续关注网站。

- **退出页分析**：在"退出页分析"选项卡中可以查看用户退出网站的网页，以及这些网页的相关数据。除了一些特殊网页（如结账完成、注册完成等网页）的退出率高是正常现象外，其他页面的退出率高，说明这些网页可能存在问题，如网页打开速度慢或者网页显示出错等。对于退出率高的网页，需要及时找到问题所在并解决。

二、监测与分析入口页面

入口页面（Entry Page）是指用户访问的第一个网站页面，也可以理解为用户进入的第一个网站页面。通常情况下，入口页面是网站中最常被访问的网页之一，因为它是用户首先接触到的网页。入口页面的质量和吸引力直接影响着用户是否会继续浏览网站，因此，对于SEO人员来说，入口页面非常重要。SEO人员可以通过优化入口页面来提升用户体验和提高转化率。同时，在统计和分析网站流量时，也需要关注入口页面的访问情况。

SEO人员通过百度统计的"入口页面"报表，可以得到网站中各个入口页面的具体数据，如图7-8所示。

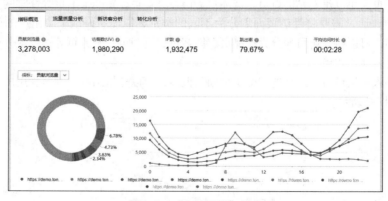

图7-8 "入口页面"报表

从入口页面中可以获得以下信息。

- **指标概览：**"指标概览"选项卡以图表的形式展示了每个入口页面所贡献流量的比例及变化趋势。
- **流量质量分析：**在"流量质量分析"选项卡中可以查看每个入口页面的访问次数、访客数、跳出率、平均访问时长、平均访问页数和贡献浏览量等数据。
- **新访客分析：**在"新访客分析"选项卡中可以查看每个入口页面的新访客数和新访客所占的比例。
- **转化分析：**在"转化分析"选项卡中可以查看每个入口页面的转化次数和转化率等数据。

三、监测与分析页面点击图

页面点击图（Page Click Map）是一种用于可视化用户在网页上的点击行为的工具。通常，这种工具会在网页上覆盖一个透明的图层，显示用户在网页上点击的热点区域，以及不同区域的点击量和点击率等信息。

SEO人员可以通过页面点击图了解用户对网站页面的关注点，并根据点击热度进行网页优化。SEO人员通过百度统计的"页面点击图"报表可以查看网站的页面点击图，如图7-9所示。

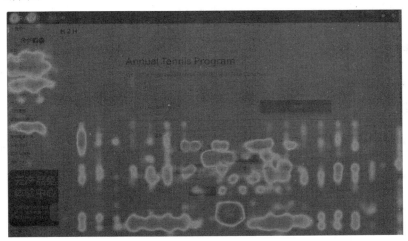

图7-9　页面点击图

任务三　分析网站日志

佳美馨装饰网的SEO人员为了进一步了解网站的访问情况和用户行为，决定对网站日志进行分析，以便更好地了解网站的运营状况，为优化网站用户体验、提高转化率等提供有力的数据支持。

一、处理和精简网站日志文件

网站日志文件是用于记录所有用户访问网站时的各种原始信息（如访问时间、用户的IP地址、所使用的浏览器和操作系统等）的文本文件，其扩展名为.log。网站日志文件可以帮助SEO人员了解网站的访问情况，如访问量、用户的来源和使用习惯等。

网站日志文件中记录的信息非常庞杂，SEO人员只需查看其中与SEO相关的信息即可。为了更加方便地分析网站日志，可以先使用Excel处理和精简网站日志文件。

案例 7-1　　使用 Excel 处理和精简网站日志文件

微课视频：使用
Excel处理和
精简网站日志
文件

步骤 01 ◗使用Excel打开ex230314.log（配套资源：\素材\项目七\ex230314.log）文件，打开"文本导入向导"对话框，选中"分隔符号"单选项，单击 下一步(N) 按钮，如图7-10所示。

步骤 02 ◗在"分隔符号"栏中取消选中"Tab键"复选框，选中"空格"复选框，选中"连续分隔符号视为单个处理"复选框，单击 下一步(N) 按钮，如图7-11所示。

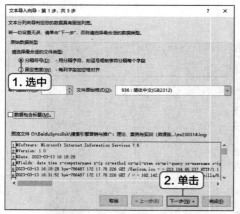

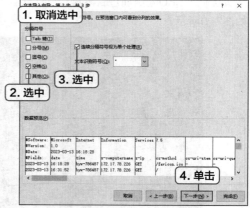

图7-10　选择分列方式　　　　　　　　　图7-11　选择分隔符号

步骤 03 ◗在"列数据格式"栏中选中"常规"复选框，单击 完成(F) 按钮，如图7-12所示。

步骤 04 ◗单击【数据】/【数据工具】组中的"删除重复值"按钮 ，打开"删除重复值"对话框，单击 确定 按钮，如图7-13所示。

步骤 05 ◗在打开的提示对话框中单击 确定 按钮。

步骤 06 ◗单击【数据】/【排序和筛选】组中的"降序"按钮 ，使数据降序排列，完成后的效果如图7-14所示。

步骤 07 ◗删除A3单元格中的数据，并将B3:Q3单元格区域的数据移动到A3:P3单元格区域中，再删除第1行、第2行、第4行～第28行的数据，完成后的效果如图7-15所示。

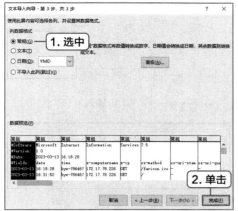 

图7-12　设置列数据格式　　　　　　　图7-13　删除重复值

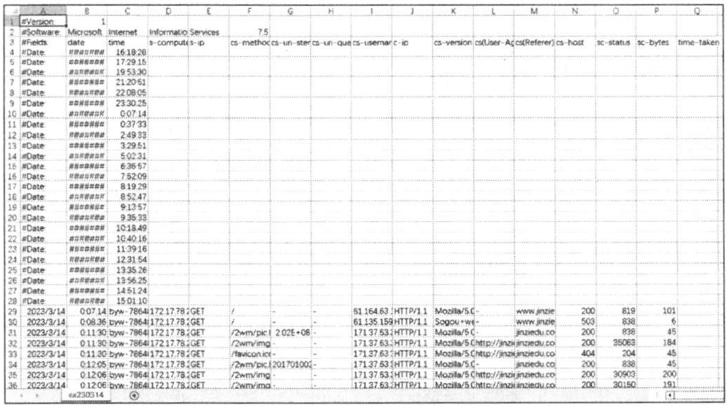

图7-14　使数据降序排列

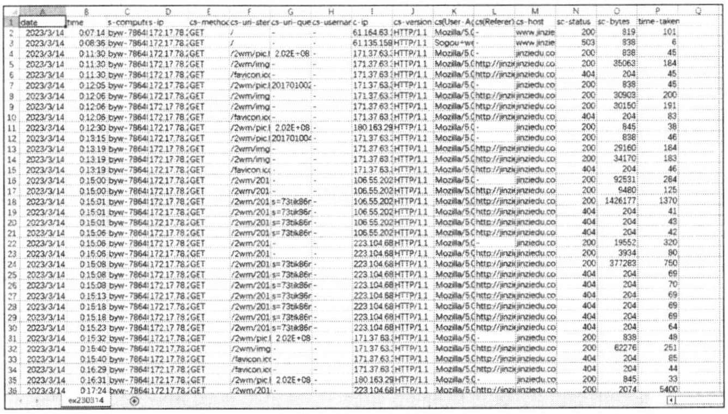

图7-15　删除多余的内容

步骤08 ● 在Q1单元格中输入"搜索引擎"文本，在Q2单元格中输入公式"=IF(IFER
ROR(FIND("Baiduspider",K2),0),"百度",IF(IFERROR(FIND("360Spider",K2),0),"360",IF(IFE
RROR(FIND("Sogou",K2),0),"搜狗",IF(IFERROR(FIND("Googlebot",K2),0),"谷歌",IF(IFERROR

(FIND("bingbot",K2),0),"必应",IF(IFERROR(FIND("Slurp",K2),0),"雅虎"," - "))))))"，并将其复制到这一列的剩余单元格中，完成后的效果如图7-16所示（配套资源：\效果\项目七\网站日志2023-03-14.xlsx）。

图7-16　制作"搜索引擎"列

二、查找死链接

网站日志文件会记录每次访问的网址及其返回的状态码，如果一个网址的状态码是404，则说明这个网址是一个死链接。通过Excel的数据透视表可以很方便地将状态码是404的网址找出来，并统计其出现的次数。

案例 7-2　使用 Excel 查找死链接

步骤 01 ▶ 接着案例7-1继续操作，在【插入】/【表格】组中单击"数据透视表"按钮🔲，在打开的对话框中保持默认设置不变，单击 **确定** 按钮，在一个新的工作表中插入一个数据透视表。

微课视频：使用Excel查找死链接

步骤 02 ▶ 将工作表的名称修改为"死链接"，将"sc-status"添加到"筛选"栏中，将"cs(Referer)"添加到"行"栏和"值"栏中，然后在B1单元格筛选列表中选择"404"选项，即可查找出所有的死链接，并统计每个死链接被访问的次数，如图7-17所示（配套资源：\效果\项目七\网站日志2023-03-14.xlsx）。

图7-17　查找死链接

三、发现服务器异常

服务器异常造成访问失败的网址返回的状态码为503，通过Excel的数据透视表可以很方便地将状态码是503的网址列出来，并统计其出现的时间和次数，从而帮助SEO人员查找服务器异常的原因。

案例 7-3   使用 Excel 发现服务器异常

步骤 01 ▶ 接着案例7-2继续操作，复制"死链接"工作表，并修改名称为"服务器异常"。

步骤 02 ▶ 在B1单元格筛选列表中选择"503"选项，然后将"time"添加到"列"栏中，即可列出因服务器异常造成访问失败的网址，并统计出现时间和次数，如图7-18所示（配套资源：\效果\项目七\网站日志2023-03-14.xlsx）。

微课视频：使用
Excel发现服务器
异常

图7-18　发现服务器异常

四、分析网络蜘蛛抓取情况

通过分析网络蜘蛛抓取情况，SEO人员可以了解网络蜘蛛对网站的抓取频率和趋势，从而可以判断网站在搜索引擎"眼中"的质量。通过Excel的数据透视表可以很方便地统计出有哪些搜索引擎访问过网站，以及它们的访问时间和返回的状态码。

案例 7-4   使用 Excel 分析网络蜘蛛抓取情况

步骤 01 ▶ 接着案例7-3继续操作，再次从原始数据创建数据透视表，并将工作表名称修改为"网络蜘蛛抓取情况"。

步骤 02 ▶ 将"time"添加到"列"栏中，将"搜索引擎"添加到"行"栏和"值"栏中，将"sc-status"添加到"行"栏中，如图7-19所示。

微课视频：使用
Excel分析网络
蜘蛛抓取情况

步骤 03 ▷单击A7单元格中的按钮，在弹出的面板中取消选中（全选）复选框，单击 <u>确定</u> 按钮，如图7-20所示，即可统计出每个搜索引擎访问网站的时间、次数和状态码信息，如图7-21所示（配套资源：\效果\项目七\网站日志2023-03-14.xlsx）。

图7-19　设置字段　　　　图7-20　设置筛选

图7-21　搜索引擎访问网站的情况

专家指导

除了可以使用Excel分析网站日志文件之外，SEO人员还可以使用网站日志分析工具来进行分析。这些工具不仅可以自动查找网站日志中的相关信息，还可以自动对信息进行分析和统计，并生成相应的报表和图表。图7-22所示为爱站工具包中的"日志分析"工具，它提供了蜘蛛分析、搜索引擎分析、状态码分析等不同的分析方式。

图7-22　爱站工具包中的"日志分析"工具

任务四　分析收录与排名情况

　　提升网站在搜索引擎中的收录量和排名，是网站SEO的重要目标，因此佳美馨装饰网的SEO人员需要时刻关注网站的收录与排名数据，并根据这些数据调整网站的优化策略，以达到持续提升网站的排名和流量，获得更好的销售业绩的目的。

一、分析收录情况

　　分析网站的收录情况可以了解搜索引擎对网站的收录率，以及知晓哪些网页被搜索引擎收录。收录率可以帮助SEO人员判断搜索引擎对网站的认可程度，网页被搜索引擎收录的情况可以帮助SEO人员了解怎样的网页更受搜索引擎的喜爱，从而为SEO的策略调整提供依据。

案例 7-5　**使用爱站工具包分析网站收录情况**

步骤 01 ◑启动爱站工具包，单击"优化辅助"选项卡中的"收录率/死链"按钮◉，如图7-23所示。

步骤 02 ◑在右上方的窗格中单击鼠标右键，选择"新建"命令，如图7-24所示。

微课视频：使用爱站工具包分析网站收录情况

图7-23　单击"收录率/死链"按钮

图7-24　选择"新建"命令

步骤 03 ◑打开"添加网址"对话框，在"网址"文本框中输入要分析收录情况的网站的网址，单击 保存 按钮，如图7-25所示。

步骤 04 ◑在添加的网址上单击鼠标右键，选择"抓取URL查收录率和状态码"命令，如图7-26所示。

步骤 05 ◑爱站工具包开始抓取网站中的网址，完成后可查看网站的收录率，以及每个网页是否被收录等信息，如图7-27所示。

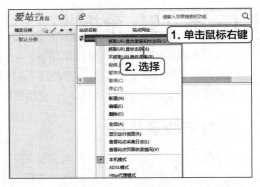

图7-25　"添加网址"对话框　　图7-26　选择"抓取URL查收录率和状态码"命令

图7-27　查看网站收录情况

二、分析排名情况

要统计与分析关键词排名，首先需要使用各种工具查询网站的关键词排名，然后建立关键词排名记录表，并根据表中关键词排名的变化调整关键词的优化方案。图7-28所示为使用爱站网中的"SEO综合查询"工具查询某装修公司网站得到的关键词排名情况。

关键词	出现频率	2%≤密度≤8%	百度指数	360指数	百度排名	排名变化	预计流量
装修公司	39	3.78%	36,424	835	33,46	-11 ↓	较少 IP
装修	125	6.05%	4,937	4,032	4,34	18 ↑	395 ~ 592 IP
室内设计	33	3.19%	2,009	2,071	50名外	-	较少 IP
家装	23	1.11%	1,182	1,185	47	-1 ↓	较少 IP
房子装修	1	0.10%	941	264	16	-2 ↓	较少 IP

图7-28　关键词排名情况

每隔一段时间，将查询到的关键词排名数据添加到"关键词排名统计表"中，如表7-1所示，经过一段时间的统计，就可以观察到关键词排名的变化。

表7-1 关键词排名统计表

序号	关键词	3月31日百度排名	4月30日百度排名
1	装修公司	22名	33名
2	装修	22名	4名
3	室内设计	50名外	50名外
4	家装	46名	47名
5	房子装修	14名	16名
6	装修设计	第1名	第1名
7	装饰公司	37名	29名
8	新房装修	19名	12名
9	家装设计	15名	20名

从表7-1中可以看出，4月30日，排名在前20（不含）的关键词有4个，有3个关键词的排名在30名外，下一步可以重点优化这3个关键词，以争取获得更好的排名。

📈 课堂实训 ●●●●·

【实训背景】

千履千寻网站最近发现其排名和收录量都有所下降，SEO人员决定先对网站的SEO数据进行一次全面的检测与分析，以了解具体的问题所在，再提出相应的建议。

【实训要求】

（1）在百度统计中查看最近30天网站PV和UV的趋势图。

（2）在百度统计中查看昨天的平均访问页数和平均访问时长趋势图。

（3）在百度统计中查看最近7天新访客的转化率。

微课视频：分析
千履千寻网站的
SEO数据

【实施过程】

步骤 01 ▶进入百度统计网站，选择左侧"流量分析"栏下的"趋势分析"选项，打开"趋势分析"报表，设置时间为"最近30天"和"按日"，设置指标为"浏览量（PV）、访客数（UV）"，查看最近30天网站PV和UV的趋势图，如图7-29所示。

步骤 02 ▶设置时间为"昨天"和"按时"，设置指标为"平均访问时长、平均访问页数"，查看昨天的平均访问页数和平均访问时长趋势图，如图7-30所示。

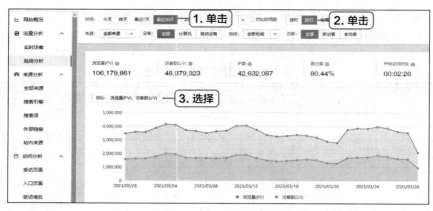

图7-29　最近30天网站PV和UV的趋势图

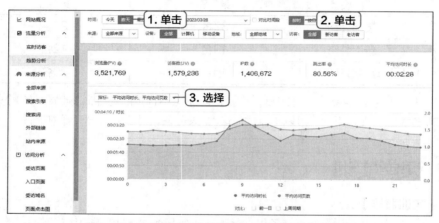

图7-30　昨天的平均访问页数和平均访问时长趋势图

步骤03 ▶ 设置时间为"最近7天"和"按日"，设置访客为"新访客"，设置指标为"转化率"，查看最近7天新访客的转化率，如图7-31所示。

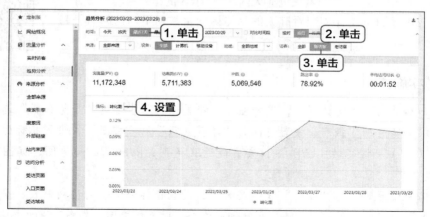

图7-31　最近7天新访客的转化率

职业素养

　　SEO人员应具备较强的分析能力，能够使用各种工具收集和分析数据，并能根据这些数据制定高效的优化策略，以提高网站的排名和流量。

课后练习

一、选择题

1. 下列网站跳出率不正常的是（　　　）。
    A. 零售网站为40%～60%　　　　B. 门户网站为10%～30%
    C. 服务型网站为10%～30%　　　　D. 内容网站为40%～60%

2. 下列关于平均访问页数的说法，错误的是（　　　）。
    A. 平均访问页数是指平均每个用户在浏览网站的过程中访问的网页数
    B. 网站的平均访问页数可以用UV除以PV得到
    C. 平均访问页数越大，说明用户对网站的内容越感兴趣
    D. 通过百度统计的"趋势分析"报表可以得到网站平均访问页数的趋势图

3. 下列（　　　）不是网站跳出率过高的主要原因。
    A. 网站内容与用户需求不符
    B. 访问速度过慢
    C. 网站内容有过多非原创的内容
    D. 内容引导较差

二、判断题

1. 网站的平均访问时长越长越好。　　　　　　　　　　　　　　（　　　）
2. 通过页面点击图可以了解用户对网站网页的关注点。　　　　　（　　　）
3. 网站日志文件可以帮助SEO人员了解网站的访问情况，如访问量、用户的来源和使用习惯等。　　　　　　　　　　　　　　　　　　　　（　　　）

三、简答题

1. 什么是网站跳出率，网站跳出率过高说明了什么？
2. 平均访问页数高说明了什么？
3. 什么是网站日志文件，它有什么作用？

四、操作题

1. 监测与分析自己网站的流量数据。
2. 监测与分析自己网站的用户访问数据。
3. 分析自己网站的网站日志。

项目八 优化移动端网站

项目背景

  随着移动互联网的发展，越来越多的用户通过手机等移动设备访问网站，获取信息和服务。优化移动端网站，可以提高网站在移动搜索引擎中的排名和流量，提高用户的满意度和忠诚度，提高网站的转化率和收益。本项目将通过佳美馨装饰网的移动端网站优化，系统介绍优化移动端网站的方法，从而提高网站的性能，并提高网站在移动搜索引擎中的排名，引进更多流量。

知识目标

- 了解移动端网站网页的版式设计。
- 掌握响应式设计方法和移动端网页优化方法。

技能目标

- 能够进行移动端网站的UI设计和开发，包括响应式设计、网页布局、元素排版和交互设计等。
- 能够进行移动端网站的性能优化和SEO，提高网页加载速度和搜索引擎排名。

素养目标

- 具备用户导向和用户体验设计的意识，能够从用户角度出发，提升移动端网站的可访问性。
- 具备对前沿技术和趋势的敏感度，能够不断学习和掌握移动端网站设计和开发的新技术和新方法。

任务一　认识移动端网站

随着移动设备的普及和移动互联网的发展，越来越多的用户开始使用手机和平板电脑访问网站。佳美馨装饰网的SEO人员需要了解如何优化移动端网站，以便更好地吸引和留住移动端用户。

一、移动端网站的发展趋势

随着移动互联网的不断发展，用户通过移动设备获取信息的需求越来越大。目前，使用移动设备访问网络的用户已经超过了个人计算机（Personal Computer，PC）端用户。因此，建立移动端网站并开展移动端网站SEO，以获取更多的移动端流量是网站发展的必然趋势。

相较于PC端网站，移动端网站具有以下优势。

- **更多的用户：** 全球移动互联网用户的数量已经超过了计算机用户的数量，人们更倾向于使用移动设备来访问互联网。因此，移动端网站具有更广泛的用户和更大的潜在用户群。据中国互联网络信息中心（CNNIC）发布的第51次《中国互联网络发展状况统计报告》，截至2022年12月，我国的手机网民规模已达约10.65亿人，占总体网民的99.8%，如图8-1所示。

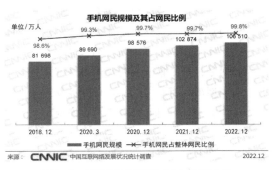

图8-1　手机网民规模及其占网民比例

- **更高的转化率：** 移动设备的使用者多为年轻人，这些人群的在线购物需求更为迫切。因此，移动端网站可以更好地吸引这些用户，提高转化率。
- **更好的用户体验和更高的互动性：** 移动设备具有许多独特的功能和特点，如GPS定位和语音操作，使得移动端网站具有更好的用户体验和更高的互动性。例如，GPS定位可以为用户推荐附近的商家和提供本地化的天气预报，而语音操作可以为用户提供更方便、快捷的服务。

二、移动端网页的版式设计

随着越来越多的用户使用移动设备来访问互联网，SEO人员需要了解移动端网页与PC端网页的差别，以及如何优化移动端网页的版式，以提升移动端用户的体验。

1. 移动端网页与PC端网页的差别

移动端网页和PC端网页的显示效果如图8-2所示，它们的区别主要体现在以下3个方面。

图8-2　移动端网页与PC端网页的显示效果

- **页面宽度：** PC端网页的宽度通常固定，一般超过1000像素，而移动端网页的宽度可以根据移动设备屏幕的大小自动调整。

- **页面结构：** PC端网页的结构复杂，通常被分成多个大小不同的区域，每个区域的宽度和高度都是固定的。而移动端网页的结构相对简单，通常只在水平方向上划分，每个区域的宽度和屏幕宽度一致，并采用流式布局（百分比布局，一种等比例缩放布局方式），根据屏幕宽度自动调整每行显示内容的数量。

- **用户体验：** PC端网页在移动设备上显示效果不佳，网页被缩放至很小，用户需要左右拖动网页才能查看，使用体验不好。相比之下，移动端网页是专为移动设备设计的，网页大小适合屏幕尺寸，只需要上下滑动就可以查看内容，更加方便移动端用户浏览。

2．优化移动端网页的版式

优化移动端网页的版式需要从栅格系统、功能减去、修饰减少和网页布局这4个方面入手。

（1）栅格系统。移动端网页的栅格系统与PC端网页的栅格系统不同，需要考虑不同的屏幕尺寸和设备类型，它会自动调整网页元素的位置和大小，从而使网页更灵活和规范。采用合适的栅格模式设计出来的网页更符合移动端网页的页面显示效果，用户的观感会更好。

图8-3所示为计算机、平板电脑和手机三者的栅格模式。

从图8-3中可以看出，手机的栅格模式中有5列列宽为68的列、4个宽度为24的列间距，再加上2个宽度为22的页边距，整个页面宽度为480。采用这种模式设计出来的网页更符合移动设备的屏幕显示特点，用户的观感会更好。

（2）功能减去。移动端网页需要减少功能，只保留最重要的功能，以提升用户的浏览体验。随着屏幕尺寸的不断减小，网页中展现的功能会相应地减少，浏览网页的方式也会改变，如图8-4所示。消失的几个功能可以在相应的位置设置跳转链接，用户点击链接后可以跳转到一个单独的网页，该网页也应优先展示重要的内容。

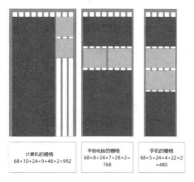

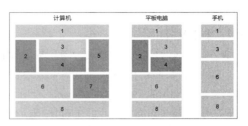

图8-3　3种不同设备的网页栅格模式　　　　图8-4　功能减去示意

（3）修饰减少。移动端网页的设计应该简洁明了，避免花哨，以免影响用户的体验。此外，为了提高移动端网页的加载速度和降低流量消耗，移动端网页需要减少冗余的修饰和装饰元素，如图片和动画等。

一般情况下，PC端网页的设计除了要满足功能的要求外，还要考虑版面的设计，通过合理的图片和文本版面布局来加强用户的观感。其版面的功能和视图安排一般各占50%左右。

但在移动端网页的设计中，确保功能和视图的合理安排更加重要。由于移动设备的屏幕较小，因此需要更加精细地设计网页元素的布局和排列，以确保网页上的所有功能都能够得到适当展示并且易于访问。移动端网页的功能和视图占比要变成功能占80%，视图占20%。

（4）网页布局。PC端网页的布局方式通常是固定的，但这种固定式布局并不适合移动端，屏幕尺寸的变化会使每个板块上面很整齐，下面镂空，这样就不美观了，如图8-5所示。

转换为流式布局后，设备会根据屏幕的大小自动调整网页布局，因为流式布局是以百分比来设置的，缩放非常灵活，且各版块空余的部分会自动填充，如图8-6所示，这就使得网页布局更加紧凑，浏览效果也更好。

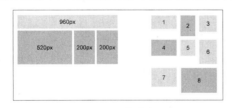 

图8-5　固定式布局　　　　　　　　图8-6　流式布局

任务二　优化移动端网站

在了解到移动端网站的重要性后，佳美馨装饰网的SEO人员现在需要优化移动网站，以提升移动端用户的体验和提高搜索引擎排名，让更多的移动端用户能够访问网站，并提高他们的留存和转化率，从而实现更好的营销效果。

一、移动端网站的适配方式

当用户使用移动设备访问一个网站时，网站需要使用相应的适配方式，以显示适合移动设备浏览的网页内容。

1. 独立移动网站

独立移动网站是指针对移动设备独立设计和开发的移动端网站，并使用了不同的子域名，如移动端网站的网址为www.abc***123.com，而独立移动网站的网址为m.abc***123.com。

独立移动网站的优势在于它们提供精简和优化的内容和功能，可以提高网站的访问速度和交互性。但是，独立移动网站需要单独维护和更新，会增加开发和管理成本。

由于使用了不同的网址，搜索引擎并不知道独立移动网站和PC端网站之间的对应关系，此时，可以通过以下3种方法来告诉搜索引擎。

（1）自动跳转。使用跳转功能在对应的网页之间实现跳转。当PC端的用户和网络蜘蛛访问独立移动网站的网页时，需要自动跳转到对应的PC端网页；当移动端的用户和网络蜘蛛访问PC端网站的网页时，需要自动跳转到对应的独立移动网站网页。PC端的用户和网络蜘蛛访问PC端网站的网页或移动端的用户和网络蜘蛛访问独立移动网站的网页时，不跳转。

专家指导

这里的跳转百度建议使用301跳转，而不使用JavaScript跳转；Google则301跳转、302跳转或JavaScript跳转都可以，但更推荐302跳转。所以网站若主要面对国内用户，则应使用301跳转；主要面对国外用户，则应使用302跳转。

（2）head标注。在对应的PC端网页和独立移动网站网页中使用<head>标签指向彼此，使搜索引擎可以判断它们之间的关系。

在PC端网页的<head>标签中添加如下代码。

```
01  <link rel="alternate" media="only screen and (max-width: 640px)"
    href="http://m.abc***123.com">
02  <meta name="applicable-device" content="pc">
```

在独立移动网站网页的<head>标签中添加如下代码。

```
01  <link rel="canonical" href="http://www.abc***123.com">
02  <meta name="applicable-device" content="mobile">
```

（3）移动适配提交。通过搜索引擎的移动适配提交功能，可以直接向搜索引擎提交PC端网页和独立移动网站网页的对应关系。

2. 动态服务

动态服务不会进行网址跳转，PC端网页和移动端网页使用相同的网址，但会根据

用户使用的设备型号或浏览器标识来判断用户访问网站的设备类型，是计算机则返回
PC端的网页代码，是移动设备则返回移动端的网页代码。

实现动态服务的关键在于服务器能够根据用户访问使用的设备类型动态地返回不同
的网页代码。在这个过程中，用户代理（User Agent）头信息是非常重要的，因为它
能够告诉服务器用户使用的设备类型、浏览器类型和版本等信息，让服务器可以根据这
些信息来判断用户的设备类型，并返回相应的网页代码。同时，为了让搜索引擎正确地
抓取网站的内容，需要设置Vary HTTP头信息，这样可以告诉搜索引擎网站的内容根
据用户代理的不同而有所区别，搜索引擎需要抓取不同版本的内容。

在Apache服务器中设置Vary HTTP头信息，需要在配置文件httpd.conf中找到以
下代码。

```
01  #LoadModule headers_module modules/mod_headers.so
```

删除该行代码前面的"#"，使其生效。

然后在配置文件中添加如下代码。

```
01  <IfModule mod_headers.c>
02      Header set Vary User-Agent
03  </IfModule>
```

案例 8-1   在 IIS 服务器中设置 Very HTTP 头信息

微课视频：在IIS
服务器中设置
Very HTTP
头信息

步骤 01 ▶ 在IIS服务器中选择对应的网站，双击"HTTP响应标头"按
钮🖳，如图8-7所示，打开"HTTP响应标头"界面。

步骤 02 ▶ 在右侧的"操作"栏中单击 添加... 按钮，在打开的对话框
中设置"名称"为"Vary"，"值"为"User-Agent"，然后单击
确定 按钮，如图8-8所示。

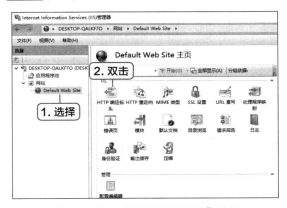

图8-7 双击"HTTP响应标头"按钮

图8-8 添加自定义HTTP响应头

3．响应式设计

响应式设计不会进行网址跳转，也不会生成另外的网页内容，而是会根据用户设备的屏幕大小和分辨率等特性自动调整网页布局和显示效果，以实现更好的用户体验。

响应式设计的好处在于它可以为用户提供一致的用户体验，可以提高用户满意度和访问量，并且SEO人员也不需要开发不同版本的网站，从而减少了工作量。

由于网址一样，PC端和移动端浏览器获得的代码也一样，所以对于SEO来说，响应式设计的优势非常明显，搜索引擎不用检测PC端网页和移动端网页的对应关系。

要实现响应式布局，首先需要设置视口（Viewport），告诉浏览器和搜索引擎要按照设备的宽度自动调整排版。

```
01  <meta name="viewport" content="width=device-width, initial-scale=1">
```

此外，还需要添加如下代码，告诉搜索引擎此网页同时适合PC端和移动端。

```
01  <meta name="applicable-device" content="pc,mobile">
```

> **案例 8-2**　使用响应式设计制作佳美馨装饰网首页

微课视频：使用响应式设计制作佳美馨装饰网首页

步骤 01 ▶ 打开"index.html"网页文件（配套资源：\素材\项目八\案例8-2\index.html），切换到代码视图，在"<meta charset="utf-8">"文本下方输入"<meta name="viewport" content="width=device-width,initial-scale=1,maxumum-scale=1,user-scalable=no">"，如图8-9所示。

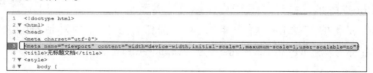

```
1  <!doctype html>
2 ▼ <html>
3 ▼ <head>
4    <meta charset="utf-8">
5    <meta name="viewport" content="width=device-width,initial-scale=1,maxumum-scale=1,user-scalable=no">
6    <title>无标题文档</title>
7 ▼ <style>
8 ▼     body {
```

图8-9　设置视口

步骤 02 ▶ 切换到实时视图，单击标尺栏中的▼按钮，在打开的面板中的第1个下拉列表中选择"max-width"选项，设置"max-width"为"900px"，在第2个下拉列表中选择"<style>"选项，单击 确定 按钮，如图8-10所示。

图8-10　添加媒体查询

步骤 03 ▶ 切换到代码视图，在<style>标签内可以看到添加的媒体查询代码，如图8-11所示。

步骤 04 ▶ 在<style>下方输入全局CSS样式代码，如图8-12所示。

```
6    <title>无标题文档</title>
7 ▼  <style>
8    @media (max-width: 900px){
9    }
10   </style>
11   </head>
12 ▼ <body>
```

图8-11　媒体查询代码

```
▼ <style>
▼ body {
      margin: 0px;
  }
▼ #bts {
      text-align: right;
      margin-top: 10px;
      margin-bottom: 10px;
  }
▼ #bts img {
      width: 150px;
  }
▼ #img1, #img2, #logo2, #logo1 {
      width: 50%;
      float: left;
  }
▼ #img1 img, #logo1 img, #img2 img, #logo2 img {
      width: 100%;
  }
▼ #feet {
      background-color: #404040;
      float: left;
      width: 100%;
      text-align: center;
      color: lightgrey;
  }
▼ #feet p {
      margin: 20px;
  }
  @media (max-width: 900px) {

  </style>
```

图8-12　输入全局CSS样式代码

步骤 05 ▶ 在代码视图中"@media (max-width: 900px){"文本下方输入网页宽度小于900px时的CSS样式代码，如图8-13所示。

步骤 06 ▶ 在实时视图中拖曳视图右侧边框调整网页的宽度，可以看到整个网页内容的宽度会随着网页宽度的变化而自动变化，如图8-14所示。

```
35    }
36 ▼  @media (max-width: 900px){
37 ▼      #img1, #img2, #logo2, #logo1 {
38          width: 100%;
39      }
40 ▼  #bts img {
41          width: 33%;
42      }
43   }
44   </style>
45   </head>
46
```

图8-13　输入CSS样式代码

图8-14　调整网页宽度

步骤 07 ▶ 继续调整网页宽度，使其小于900px，可以看到整个网页布局由横排变为了竖排，如图8-15所示（配套资源：\效果\项目八\案例8-2\index.html）。

图8-15　调整网页宽度使其小于900px

二、前期准备

SEO人员在建立一个成功的移动网站之前，需要做好一些前期准备工作，主要包括以下两个方面的内容。

- **域名的选择：** 在创建任何网站之前，首先要选择一个适合自己品牌和业务的域名，这同样适用于移动网站。一个好的移动网站域名应该简明易记，容易输入，并且具有一定的含义，这样才有利于扩大用户群体。因而网站的域名应该越短越好，在方便记忆的同时便于操作。

- **服务器的选择：** SEO人员在选择服务器时，应选择正规服务器提供商，并根据需要选择合适的带宽、处理器速度、存储空间等。因为移动网站需要在移动设备上加载，所以服务器的响应速度也非常重要。

三、优化搜索引擎友好度

网站搜索引擎友好度是搜索引擎收录网站的基础，在对其进行优化时，需要在以下6个方面有所注意。

- **机器可读性：** 为了让搜索引擎更好地抓取和处理网站内容，需要以文本的形式来显示重要的内容和链接，避免使用Flash或图片等其他格式的信息。

- **结构扁平化：** 设计扁平化的网站结构，使用户更容易了解网站的内容和结构，并能快速找到所需的信息。同时，这也有利于搜索引擎更快地理解网站的结构层次。

- **网状链接：** 为每个网页添加上下级链接和相关内容的链接，使每个网页都能成为整个网站结构的一部分，并且能够通过其他网页链接找到。这样能够避免出现"链接孤岛"，提高搜索引擎抓取信息的效率。

- **简单的URL：**使用简短、规范的URL，方便用户记忆，也有利于搜索引擎抓取和判断网页内容。应尽量避免使用动态URL，多用静态URL。
- **涵盖主旨的锚文本：**为了提高网站的排名和权重，需要在移动端和PC端网站都优化锚文本。锚文本应该能够清晰地传达主旨，且内容简洁明了。
- **设置合理的返回码：**如果网站需要临时关闭，则应将返回码设置为503，这样搜索引擎会认为网站是临时不可访问的，并会在短时间内重新抓取。如果要更改域名或进行网站重构，则应设置为301永久性重定向，避免网站的收录率降低。

四、优化排名

移动端网站的排名和PC端网站的排名一样，受多个因素的影响。同时，移动端网站的排名还有一些自身的优化要求。总体上，移动搜索的结果是由PC端的搜索结果加上移动端的一些特点进一步调整而来的。百度会优先对移动页面进行排名，因此没有移动网页的网站，首要任务就是进行网站的移动化，移动化后再有针对性地优化网站内容。移动端网站的排名优化需要注意以下4个方面的内容。

- **标题要明确：**移动端网站的标题要明确，要能准确传达网页的主题，方便用户快速获取信息。在标题中不要堆砌关键词，同时也不要超过17个字符。另外，将重要内容放在网页的左侧，保持语义通顺，并使用用户常用或熟悉的词语。
- **持续提供优质原创内容：**优质的原创内容是吸引和留住用户的关键。为了提高网站的排名，SEO人员需要不断更新原创内容或者对现有的内容进行系列整合。
- **标注位置信息：**搜索引擎发现，许多用户更倾向于与本地相关的搜索结果。因此，SEO人员可以在移动端网站中标注位置信息，以便搜索引擎能够根据用户的位置为其提供相关的搜索结果。
- **提升加载速度：**移动端用户的浏览时间往往比较短，因此用户希望网页能够快速加载。如果一个网页的加载时间超过5秒，用户就有可能关掉该网页，转而寻找其他网站。因此，SEO人员需要优化移动网站的加载速度，以提高其排名。

任务三　优化移动端网页

佳美馨装饰网移动端网页的性能和用户体验不尽如人意，存在网页加载速度慢、布局混乱、交互不流畅、安全性低等问题，影响了用户的满意度和忠诚度，也降低了网页在搜索引擎中的排名。因此，佳美馨装饰网的SEO人员决定优化移动端网页，以提升网站的性能和用户体验，提高网页在搜索引擎中的排名。

一、提升用户体验

用户体验对于移动端网页的SEO非常重要，SEO人员在优化时需要注意以下内容。

- **文本：**文本字号要足够大，通常正文字体的字号不小于12px。行间距也要足够大，正文的行间距不小于0.2倍字号，标题之间的行间距控制在0.42~0.6倍字号。文本与背景之间的对比要明显，通常背景使用较浅的颜色，文本使用较深的颜色。

- **图片：** 主体内容多图时，图片宽度应一致，图片位置应统一。
- **文本链接：** 主体内容含多个文本链接时，文本链接字号建议为14px或16px；字号为14px时，纵向间距建议为13px；字号为16px时，纵向间距建议为14px；文本链接的宽度不小于40px。
- **其他可点击区域：** 主体内容中的其他可点击区域的宽度和高度应大于40px。
- **页面滚动：** 网页只能是上下滚动的，不能出现需要左右滚动网页才能查看的内容。
- **主体内容：** 主体内容与次要内容要有明确的视觉差异和间隔，在第一屏中主体内容的比例要在50%以上，且位于屏幕的中间位置。
- **广告：** 广告面积不能过大，第一屏中广告的面积不能超过10%。不能使用弹窗、悬浮、插屏、抖动、闪动等形式的广告。

二、提高资源易用性

在移动端网站的网页优化中，提高网页资源的易用性可以帮助用户快速找到想要的内容，从而提高用户满意度。

- **精简网页：** 在移动设备上，网页空间是宝贵的，所以需要将整个网站的空间利用率最大化，在设计时去除多余的元素，仅展示关键信息。
- **设计友好的导航栏：** 在移动设备上，由于空间有限，导航栏设计必须简单直观、易于理解。可以使用简洁的图标或文本，将所有功能明确分类，使用户可以快速找到自己想要的内容。
- **优化搜索功能：** 有一个强大的搜索功能对移动端网站来说非常重要。在移动设备上，用户通常希望能快速找到他们想要的信息，因此确保网页搜索功能的快速和准确非常重要。
- **友好的表单设计：** 如果需要收集移动端网页的用户数据，则表单设计应简短、清晰明了、易于填写。
- **完整显示的文本页面：** 网页中的内容应清晰完整，有精良的排版。文本页包括文章页、问答页、论坛页等。
- **清晰的音/视频页：** 音/视频应能够直接播放，且声音清晰、画质优质。注意，百度严厉打击欺诈性下载播放器的行为。
- **提供App下载：** 应提供可直接下载的App，且版本为最佳版本。
- **提供可阅读的文档：** 应提供可直接阅读的文档，且文档阅读体验好。需要注意的是，不要将文档内容转化为图片来显示，这种方式不仅影响用户体验，对搜索引擎也不友好，应避免使用。

课堂实训

【实训背景】

为了提升千履千寻网站的移动SEO效果，现在需要对网站进行移动端优化，需要将所有网页的布局方式改为响应式布局，并调整各部分内容在移动设备中的CSS样式，使它们在移动端网页中也能正常显示。

【实训要求】

（1）使用响应式布局方式布局网页。

（2）调整网页中各部分内容在移动设备中的CSS样式。

微课视频：优化
移动端千履千寻
网站

【实施过程】

步骤 01 ▶ 使用Dreamweaver打开 "yhzs20230203162102001.html" 网页文件（配套资源：\素材\项目八\课堂实训\yhzs20230203162102001.html），切换到代码视图，在其中插入两行代码，如图8-16所示。

```
1   <!doctype html>
2 ▼ <html>
3 ▼ <head>
4   <title>运动鞋_跑步鞋_篮球鞋_足球鞋_网球鞋_千履千寻</title>
5   <meta name="description" content="千履千寻，专业运动鞋销售网站，主营
      安踏、鸿星尔克、361°等品牌运动鞋。买运动鞋，上千履千寻。">
6   <meta name="keywords" content="运动鞋,跑步鞋,篮球鞋,足球鞋,网球鞋">
7   <meta name="viewport" content="width=device-width, initial-scale=1">
8   <meta name="applicable-device" content="pc,mobile">
9   <link href="mycss.css" rel="stylesheet">
10  </head>
11 ▼ <body>
12 ▼ <div id="main_container">
13 ▼   <div id="header">
14 ▼     <div class="top_right">
15        <div class="big_banner"> <a href="products_50001.html"><img
          src="images/banner728.png" alt="" border="0" /></a> </div>
16      </div>
```

图8-16　输入代码

步骤 02 ▶ 切换到实时视图，调整网页宽度到480像素，然后单击▼按钮，如图8-17所示。

步骤 03 ▶ 在打开的面板中设置 "max-width" 为 "480px"，在第2个下拉列表中选择 "mycss.css" 选项，单击 确定 按钮，如图8-18所示。

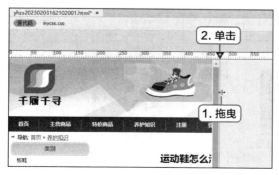

图8-17　调整网页宽度

图8-18　设置媒体查询

步骤04 ▶切换到代码视图，单击 mycss.css* 按钮，代码视图中会显示"mycss.css"文件的代码，在文件的最后可以看到新添加的媒体查询代码"@media (max-width: 480px){}"，如图8-19所示。

步骤05 ▶在其中输入屏幕宽度小于480像素时的CSS代码，如图8-20所示。

```
526        float: left;
527        width: 200px;
528        text-align: center;
529        color: #666666;
530        padding: 10px 0 0 60px;
531    }
532 ▼  @media (max-width: 480px){
533 ▼
534    }
```

图8-19　媒体查询代码

```
532 ▼ @media (max-width: 480px){
533 ▼  .left_content,.right_content,#menu_tab,.footer{
534        display:none;
535    }
536 ▼  .top_right{
537        display: block;
538    }
539 ▼  #main_container,#menu_tab,#header,.center_content,.top_right{
540        width:100%;
541    }
542 ▼  #header{
543        height:10px;
544        position: absolute;
545    }
546 ▼  .center_content img,.big_banner img{
547        width:100%;
548        height:auto;
549    }
550 ▼  .center_content p{
551        text-indent: 0px;
552        text-align: justify;
553        font-size: 16px;
554        line-height: 24px;
555    }
556 ▼  #logo,.big_banner{
557        padding: 0px;
558    }
559 ▼  #logo img{
560        width:150px;
561        height:auto;
562    }
563 ▼  .center_content{
564        padding: 5px 0px;
565    }
566 ▼  .crumb_navigation{
567        margin-left: 50px;
568        font-size: 16px;
569        width:100%;
570        height:10px;
571        background-position:5px 12px;
572    }
573 ▼  #main_content{
574        padding-top:50px;
575    }
576 }
```

图8-20　输入CSS代码

步骤06 ▶选择【文件】/【保存全部】命令，保存所有的文件，再选择【文件】/【实时预览】/【Microsoft Edge】命令，在Edge浏览器中显示网页内容，如图8-21所示。

步骤07 ▶调整浏览器的宽度，使其小于480px，可以看到网页的布局发生了变化，隐藏了一些不需要的板块，正文的字号也变大了，如图8-22所示。

图8-21　浏览器中显示的网页

图8-22　移动版网页

 职业素养

SEO人员应坚持用户导向，能够从用户角度出发，提高移动端网站的易用性和可访问性。

课后练习

一、选择题

1. 在移动适配方式中，（ ）功能可以直接告诉搜索引擎PC端网页和移动端网页的对应关系。

    A. 301跳转   B. 302跳转

    C. head标注   D. 移动适配提交

2. 下列关于响应式设计的说法错误的是（ ）。

    A. 可以为不同的终端设备提供不同的用户体验

    B. 可以提高用户满意度和访问量

    C. 搜索引擎不用检测PC端网页和移动端网页的对应关系

    D. 可以适配各种设备，避免为各种终端设备打造不同的网站

3. 下列不属于移动端网站的标题应该满足的要求的是（ ）。

    A. 标题要明确，要能准确传达页面的主题

    B. 使用用户常用或熟悉的词语

    C. 不要超过17个字符

    D. 在标题中堆砌关键词

4. 在移动网站设计中，（ ）将降低资源易用性。

    A. 精简页面   B. 设计友好的导航栏

    C. 使用弹窗广告   D. 优化搜索功能

二、判断题

1. 使用移动设备访问网络的用户已经超过了PC端用户。   （　　）

2. 移动端网页的结构相对PC端网页来说更为复杂。   （　　）

3. 使用动态服务进行移动适配时，服务器可以根据用户代理头信息判断用户的设备类型，从而返回相应的网页代码。   （　　）

4. 响应式设计会生成不同版本的网页内容，以适配不同的设备。   （　　）

三、简答题

1. 为什么移动端网站SEO是网站发展的必然趋势？

2. 请简要介绍独立移动网站的优势和劣势。

3. 在移动端网页设计中，如何提升用户体验？

项目九 使用SEM进行网站推广

项目背景

　　企业通过搜索引擎营销（Search Engine Marketing，SEM），可以使网站在搜索引擎的付费广告位上获得更多的展现量和点击量，为网站带来更多的流量，从而吸引更多潜在用户，促成更多商业交易，最终实现网络化营销。本项目将通过佳美馨装饰网的SEM推广，系统介绍使用SEM进行网站推广的方法，从而达到提高网站知名度，增加网站转化率，提升网站收益的目的。

知识目标

- 熟悉SEM的基本概念和步骤，了解SEM模型。
- 了解搜索推广的定义和排名原理，并掌握搜索推广账户优化的方法。
- 掌握使用百度搜索推广发布广告的方法。

技能目标

- 能够制定针对性强的SEM推广方案。
- 能够根据数据反馈及时调整和优化SEM推广策略。

素养目标

- 具备市场洞察力和营销思维，能够从用户需求和竞争情况出发制定有效的SEM推广策略。
- 具备数据分析和决策能力，能够根据数据反馈优化策略，改善投放效果，提高投资回报率。

任务一 认识SEM

中秋节到来之际，佳美馨装饰网决定推出"金秋送福，装修特惠"促销活动。为了快速吸引潜在用户，佳美馨装饰网计划通过SEM推广该活动。因此，佳美馨装饰网的SEO人员需要先深入了解SEM的基本知识，以保证此次活动能够取得好的效果。

一、SEM的定义与特点

SEM是指利用搜索引擎的技术和平台，通过付费或者优化的方式，提高网站或者网页在搜索结果中的排名和展现量，从而吸引更多的目标用户，实现网站的推广和活动营销。SEM追求最高的性价比，以最少的投入，获得最大的来自搜索引擎的访问量，并产生商业价值。

SEM与其他网络营销方法相比，具有一定的特点。充分了解这些特点，就能够有效利用搜索引擎来开展网络营销和推广。归纳起来，SEM主要有以下3个特点。

- **见效快、效果好：** SEM可以根据不同的关键词、地域、时间、设备等因素，精准定位目标用户，展示相关的广告或者网页，从而提高点击率和转化率。SEM也可以根据数据反馈及时调整策略和投放方案。

- **管理灵活、评估准确：** SEM可以通过专业的工具和平台方便地管理和监控广告或者网页的投放情况，实时查看浏览量、点击率、转化率等指标，评估投放效果和投资回报。SEM也可以通过设置预算、竞价、出价等参数，控制投放范围和成本。

- **适应性强、竞争力强：** SEM可以根据不同的行业、市场、产品、用户等的特点，制定不同的关键词策略和内容策略，满足不同的营销目标和需求。SEM也可以通过不断地测试和优化，提高关键词的质量和相关性，提升广告或者网页在搜索结果页面中的排名和展现量，增强竞争力。

二、SEM的基本步骤

一个成功的SEM需要一个清晰、合理的策略，并且必须按照正确的步骤和流程稳步推进。只有这样，SEM才能取得好的效果，从而获取更高的回报。否则，即使企业投入大量人力、物力、资金等，也难以获得良好的投资回报。

1. 确定营销目标

对于SEM而言，首先需要明确营销目标，只有明确企业想要实现的业务目标和推广目标，才能有针对性地制订SEM计划。根据企业的需求，可以制定增加网站流量、提高转化率、增加销售额等具体的营销目标。

2. 市场调查分析

SEO人员在明确目标之后，必须了解目标用户的需求、购买偏好、互联网使用行为等信息，进行市场调查分析，帮助企业找出合适的推广渠道和关键词。市场调研不仅可以为SEM策略制定提供市场信息依据，还可以助力企业根据市场信息的反馈调整SEM策略。

3. 制定营销方案

首先应基于营销目标，结合市场调查的数据，根据费用、时间、资源等因素制定可行的营销方案，并预估效果。然后结合历史数据，为营销方案设置合理的效果指标，如总体访问量、平均点击费用、转化率、转化成本、平均访问停留时长等。

4. 方案实施及监测

在确定好营销方案后，需要实施方案，并通过各种工具来跟踪和监测搜索引擎的搜索结果和关键词的排名等。SEM计划的实施和监测需要持续跟进、调整，只有不断地优化，才能获得更好的效果。

5. 数据分析与优化

每周、每月、每季度对数据进行汇总，生成报告，然后分析趋势和效果数据，并与效果指标进行比对，指出取得的成绩与不足。

基于历史数据、投放数据、效果数据等数据更新自己对市场的认识，有步骤地调整关键词、创意、网站构架及具体内容等，以达到或超越之前制定的标准。

如果实际情况与预估效果差异过大，则需要回到第1步，重新确定营销目标。

三、SEO与SEM的联系与区别

SEO通过一系列的技术手段和策略，优化网站结构、内容、代码等，以提高网站在搜索引擎中的排名（即非广告栏目），从而获取更多的免费流量和转化率。

相比之下，SEM具有更广泛的应用，除了SEO外，还包括点击付费广告（Pay Per Click，PPC）、社交媒体营销、电子邮件营销等多种网络推广手段。在SEM中，企业投入一定的资金来进行推广，希望获得更多的曝光和流量，增加销售机会。

可以看出，SEO是一种自然的推广方式，而SEM则更多地依赖于付费推广。但实际上，它们之间存在一定的联系。例如，通过SEO可以提高网站的质量和相关性，从而提高SEM广告的展示机会。反之，网站的SEM数据也可以为SEO策略的制定提供有价值的信息和指导。

四、SEM方式

SEM方式主要包括以下5种。

- **搜索推广：** 搜索推广是最常见的SEM方式，先选择针对性强的关键词，然后在搜索引擎上投放广告，当用户使用这些关键词搜索时，就会看到投放的广告，从而访问网站。

> 例如，佳美馨装饰网可以使用"房屋装修""装修设计"等用户关注度较高的关键词，这样对房屋装修有需求的用户就有可能看到广告。

- **SEO：** 这种方式用于优化网站内容，使其在搜索引擎中排名更高，并更容易被潜在用户找到和访问。这种方式不需要支付任何费用，但需要对网站的技术细节和内容进行深入的研究和调整。

- **媒体购买：** 媒体购买通常是指在网络媒体上购买广告，如横幅广告、视频广告等。这种方式一般针对大规模的网络推广活动，需要预算的支持。

- **联盟营销：** 联盟营销是指与其他网站或在线广告平台合作，共同开展推广活动，包括交换广告、品牌推广等形式。这种方式可以使企业网站的产品和业务更快地提高知名度，同时减少推广投入。

- **社交媒体广告：** 社交媒体广告是利用社交媒体（如微博、微信、抖音等）发布广告的网络营销方式。社交媒体广告的优点是可以利用社交媒体的大量用户和强大的传播力，提高品牌知名度和口碑，缺点是需要投入较多的人力和物力，且需要与社交媒体的规则和用户需求相适应。

五、SEM模型

在"数字营销时代"，SEM离不开SEM模型的应用。下面介绍SEM领域较新的几个理论模型，包括用户行为模型、用户购买决策模型，以及搜索营销效果转化漏斗模型。这些理论对理解用户行为、决策过程及社会影响等均具有重要意义。

1. 用户行为模型AISAS

在"互联网时代"，用户上网的时间已经远远超过浏览传统媒体，企业投入互联网营销的资金数额持续飙升，与此相对应，以传统媒体为中心的广告投放极速衰退。互联网已经对人们的工作和生活产生了广泛而深刻的影响。互联网让用户有机会主动获取详尽的专业信息，进行相对理性的消费选择。

在这样的背景下，2005年，日本电通公司提出了AISAS模型。AISAS模型包含5个部分：注意（Attention）、兴趣（Interest）、搜索（Search）、行动（Action）和分享（Share），如图9-1所示。该模型引入了互联网的两个典型行为：搜索和分享。也就是说，当广告引起用户的注意和兴趣后，用户会主动搜索品牌和产品信息，然后产生购买行为，之后通过社交媒体分享消费体验。

图9-1 AISAS模型

AISAS模型揭示了互联网环境下用户行为的全新规律。在没有互联网之时，用户通常比较被动，只能单方面接收企业的营销信息；但有了互联网，用户变得十分主动，他们有能力和渠道了解品牌和产品，做出自己认为合理的选择，并在社交网络上分享这些消费经历，影响更多潜在用户。这种新的消费行为逻辑要求企业不能单靠传统营销手段，需要积极运用互联网营销，引导和满足用户的搜索与分享需求，巩固用户的品牌印象和忠诚度。

AISAS模型从"互联网时代"用户行为的新特点出发，为企业制定数字营销策略提供了重要参考。要想在互联网竞争中占优，企业必须理解用户的新行为规律，迎合并塑造这种行为规律。这是抓住用户"痛点"、实现商业成功的关键所在。

2. 用户购买决策模型SIVA

企业要真正达成营销目标，必须深入理解用户的购买决策过程。在这个过程中，企业参与程度越深，就越能赢得用户信任，营销效果也会越好。

用户如何做出购买决策？如何解析用户的购买决策过程？SIVA模型可以解答这两个问题。

SIVA模型包含解决方案（Solution）、信息（Information）、价值（Value）和渠道（Access）4个要素，如图9-2所示。解决方案是指用户遇到问题后需要的答案，如选择哪家装修公司及采用什么装修风格。信息是用户需要了解的各种解决方案背后的详尽和专业的信息，如各装修公司的资质、案例和效果。价值是指用户在众多信息中权衡分析后能够找到适合自己的信息和解决方案。渠道是用户获取解决方案的路径，如装修公司的网站或实体店。

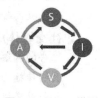

图9-2　SIVA模型

用户表达需求、不断搜索、修正并最终确定解决方案的过程，就是在SIVA网络路径中不断调整方向、选择新路径，最终找到渠道的过程。用户在这个过程中的每一次停顿和转变，都是SEO人员与用户对话的机会。SEO人员必须抓住每一个交流机会，提供实时咨询服务，帮助用户缩短决策过程，快速促成交易。

SIVA模型揭示了用户购买决策的内在逻辑，为分析用户购买决策过程和制订营销计划提供了很有价值的参考。但企业不能简单套用，应不断丰富和发展这个模型。只有深入理解用户，积极迎合其需求，企业才有可能在市场上取得胜利。

3. 搜索营销效果转化漏斗模型

搜索营销效果转化漏斗模型分为5层，从上到下依次为：展现量、点击量、访问量、咨询量和订单量。它涵盖了企业开展SEM的各个环节，如图9-3所示。

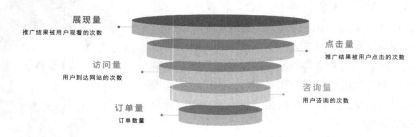

图9-3　搜索营销效果转化漏斗模型

搜索营销效果转化漏斗模型5层数据呈递减趋势，对应的关键绩效指标（Key Performance Index，KPI）为：点击率（点击量/展现量）、到达率（访问量/点击量）、咨询率（咨询量/访问量）、转化率（订单量/咨询量）。通过这些指标可以分析SEM转化不佳的原因。

点击率反映了关键词的质量和创意的吸引力，同时受关键词排名的影响。到达率反映了网站打开速度和服务器稳定性。咨询率反映了网站与用户预期的匹配度，包括用户体验、创意相关性等。转化率反映了流量的精准性、企业的销售引导能力和企业产品满足用户需求的程度。

搜索营销效果转化漏斗模型揭示了SEM转化的规律，能为提高转化率和优化SEM效果提供重要参考。通过跟踪各层数据变化，企业可以找到转化瓶颈，采取针对性措施进行改善。

任务二 认识搜索推广

佳美馨装饰网的SEO人员在深入了解了SEM之后，决定采用搜索推广来推广他们的"金秋送福，装修特惠"活动。由于搜索推广是一种高效的获取流量和引导转化的方式，因此SEO人员对搜索推广进行了深入的研究。

一、搜索推广的定义

搜索推广，又称搜索引擎竞价推广或竞价广告，是企业向搜索引擎购买相关产品或服务的关键词，在搜索结果页面中展示他们的广告的一种高效营销方式。区别于自然搜索结果，搜索推广在末尾会标注"广告"两个字，如图9-4所示。搜索推广是按效果付费的，即只有当广告被点击时才需要付费，让企业可以更好地掌控营销预算。

图9-4 搜索推广

搜索推广是SEM体系中不可或缺的一部分，其四大特点让它成为企业实现精准投放和获取高效转化的首选方式。

- **见效快：** 相比SEO的漫长等待，搜索推广能够迅速见到广告效果，为网站带来更多有意向的流量。
- **效果好：** 搜索推广通过关键词实现精准定向投放，使用户能够轻松找到所需要的产品或服务，有效提高转化率。
- **管理灵活：** 后台管理功能强大，可以随时调整投放策略和广告的内容，让广告始终保持在良好状态。

- **精确评估：** 数据追踪技术先进，每一个细节都有详细的统计数据和图表，SEO人员能够全面了解广告项目的效果并做出精准决策。

二、搜索推广的排名原理

搜索推广的排名原理主要涉及两个概念：竞价排名和质量得分。竞价排名是指企业通过参与关键词竞价，以获得在搜索结果页面上展示广告的位置。质量得分是指广告和相关着陆页的质量，该得分影响着广告的展示优先级。

1. 竞价排名

竞价排名是指企业在参与关键词竞价之后，按照出价高低来决定广告在搜索引擎中的展示位置。出价越高，其展示的位置就越靠前，用户也会更容易看到这些广告。当多家企业竞标同一个关键词时，企业的出价并不是唯一决定排名的因素，还要考虑广告的质量得分。

2. 质量得分

质量得分是搜索引擎根据广告与目标用户的匹配度、广告的可信度等多种因素给出的一个评估得分。搜索引擎会将广告的历史性能、着陆页质量、广告与目标关键词匹配程度，以及广告的质量等因素相结合，评估广告的质量。这些评估因素的分数分别是0~10分，分值越高表示广告的质量越好。

在竞价排名中，搜索引擎会根据广告的出价和质量得分综合计算一个广告的排名。一般来说，质量得分非常重要，较高的质量得分可能使低价广告排在高价广告之前。

三、常用的搜索推广平台

国内常用的搜索引擎平台主要有百度、360和搜狗三大平台。由于长期以来的市场积累与技术发展，这三大平台在搜索推广领域均已形成较为成熟的产品与服务体系。

相比而言，百度搜索推广的投入成本往往较高，这主要是其巨大的市场主导地位造成的。百度已经成为绝大多数网民的搜索首选，因此企业为获取更多商机，也倾向于在百度投放更多推广资源，这使得百度搜索推广竞争激烈，推广成本也日益上升。

而360搜索推广和搜狗搜索推广由于其目标用户面相对小一些，同时竞争的企业也相对少一些，所以其搜索推广的费用通常更低，在排名竞争上也更易占优。

可以说，这三大搜索推广平台均有各自的优势与特色，SEO人员需要根据产品与用户属性，为企业选择最合适的推广渠道。

四、搜索推广账户优化

在进行搜索推广时，账户结构的优化是至关重要的。SEO人员在优化账户结构时，要确保其清晰易懂，以便于管理和调整。同时，细致的账户结构也有助于提高广告的质量得分，从而提高广告的点击率和转化率。

1. 认识搜索推广的账户结构

尽管不同的搜索推广平台可能会有不同的结构和命名方式，但通常情况下，搜索推广账户可以分为4个层级，包括账户、推广计划、推广单元和创意，1个账户里可以有多个推广计划，1个推广计划里可以有多个推广单元，1个推广单元里可以有多个创意，其结构如图9-5所示。

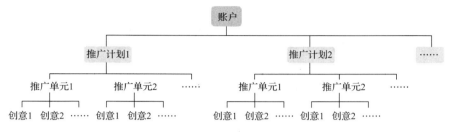

图9-5 搜索推广的账户结构

这个层级结构类似于一棵大树，账户就像树的根部，推广计划是树干，推广单元是树枝，创意则是树枝上的叶子。这些层级之间相互关联，缺一不可，只有在整体上进行有效的协调与优化，才能实现更好的搜索推广效果。

2. 优化账户的推广策略

一个成功的搜索推广账户的推广策略是灵活多变的，并不是所有的产品都适用于同一种推广策略。相反，应该根据产品的不同特征和需求，制定不同的推广策略。这些策略可以从多个维度考虑，包括产品、时段、地域和购买意向等。

- **产品维度：** 在产品维度上，对于多种产品的账户，SEO人员可以根据产品特性和分类设置对应的推广计划，以便更好地管理和优化广告投放。

- **时段维度：** 在时段维度上，SEO人员可以根据不同的时间设置不同的出价系数，以实现更高效的广告投放。例如，某个产品在上午的07:00到11:00时段效果较好，可以将出价系数调高到1.2；而在晚上的19:00到23:00时段效果较差，则可以将出价系数调低到0.7。

- **地域维度：** 在地域维度上，SEO人员可以根据不同地区的需求和市场情况，设置不同的推广计划，以更好地满足当地潜在用户的需求。例如，某个产品在河北和山西两个地区的市场需求不同，就可以针对这两个地区分别设置不同的推广策略，以达到更好的效果。

- **购买意向维度：** 购买意向维度也是一个重要的考虑因素。根据用户的购买意向，可以划分出发现问题、寻求方案和做出购买决策3个阶段。在问题发现阶段，用户正在积极寻找和收集与需求相关的信息；在寻求方案阶段，用户需要寻找解决方案来满足需求；而在购买决策阶段，用户需要比较产品的价格、口碑和企业实力等因素，以做出最终的购买决策。因此，SEO人员在制定推广策略时，可以根据不同的购买意向阶段，针对不同的用户需求和行为特征，进行有针对性的广告投放和优化。

3. 账户优化

在搜索推广中，账户优化是非常重要的一环，包括关键词优化、创意优化、着陆页优化、匹配方式优化和出价优化5个方面的内容。

（1）关键词优化。关键词优化对于搜索推广非常重要，一个好的关键词应同时考虑多个因素，既要保证足够的展现量，又要最大限度地提高点击率和转化率。SEO人员在选择搜索推广关键词时需要考虑以下4点。

- **搜索量：** 选择搜索量较大的关键词，可以确保广告有足够的展示机会，同时也可以获知市场需求。例如，要推广旅游产品，可以选择搜索量大的关键词"北京旅游""四川旅游"等。可以使用百度指数等工具查看不同关键词的精确搜索量数据，选取搜索量排在前列的关键词。

- **竞争力：** 避免选择竞争过于激烈的关键词，这会导致广告成本增加或难以获得良好的展示位置。同时也要避免选择竞争过小的关键词，这些关键词带来的点击量可能会很少。

- **相关度：** 选择与广告产品或服务高度相关的关键词，可以提高点击率和转化率。例如，如果要推广食品，则可以选择"进口食品""天然食品"等关键词。相关度过低会导致误点击过多，从而降低广告质量得分。

- **商业意义：** 选择具有强商业意义的关键词，如品牌名、产品名等，这可以吸引真实用户，提高转化率。例如，推广手机时可以直接使用手机的品牌名和型号作为关键词。但"电话""通信"等商业意义较弱的关键词，不利于转化率的提高。

（2）创意优化。创意是搜索广告的展现形式，优化创意可以提高广告的点击率和转化率。创意优化主要包括以下3个方面的内容。

- 广告的标题和描述应该能够吸引目标用户的注意力，突出产品或服务的优势。例如，推广智能手表的创意可以尝试使用以下标题和描述。

> 标题：智能手表，一键护你所爱。
>
> 描述：随时随地保护你的家人和自己，智能手表只需一键操作，安心无忧。

- 展示的网页应与关键词和广告内容相关。
- 一个单元需要设置两个以上与关键词密切相关的创意，并通过至少一周的时间对各个创意的表现进行观察，保留表现好的创意，分析和修改表现不好的创意。

（3）着陆页优化。着陆页是指用户单击广告后跳转到的网页，通常是产品或服务的介绍页面。着陆页的优化对于提高广告转化率和提升用户体验非常重要。以下是一些具体的着陆页优化方法。

- **着陆页内容要与广告一致：** 着陆页的内容应该与广告的内容一致，包括标题、描述和展示网址等。如果广告宣传的是优惠活动，那么着陆页也应该突出这一点。这样能够让用户感到广告与着陆页的一致性，提高用户的信任度和满意度。

- **突出产品或服务的优势：** 着陆页应该突出产品或服务的优势，使用户更加了解产品或服务的特点和价值。例如，推广智能手表的着陆页可以重点突出以下优势。

> 多功能：智能手表拥有心率监测、计步等多种功能。
> 长续航：智能手表的电池可以持续使用数天，无须频繁充电。
> 智能提醒：智能手表可以智能提醒用户接听电话、查看短信等。

- **设计简洁明了的网页布局**：着陆页应该具有简洁明了的网页布局，使用户能够快速了解产品或服务的信息，避免烦琐的网页设计和过多的文本描述。可以采用大图、简短的标题和描述等方式，让用户可以快速浏览着陆页，同时突出产品或服务的核心信息。

- **添加行动按钮**：着陆页应该添加行动按钮，让用户可以快速进行购买或注册等操作。行动按钮的文本应该简短明了，如"立即购买""免费注册"等。同时，行动按钮的颜色应该与网页的主题色相一致，以增加用户的点击率。

- **使用响应式设计**：着陆页应该使用响应式设计，以适应不同设备和屏幕尺寸，让用户在不同设备上都能够正常浏览着陆页，优化用户的体验。

（4）匹配方式优化。匹配方式是指关键词和搜索关键词之间的匹配方式，优化匹配方式可以提高广告的展示效果和转化率。目前，主要有以下4种匹配方式。

- **精确匹配**：只有当用户搜索的关键词与广告关键词完全一致时，广告才会触发展示。这种匹配方式可以带来较高的转化率，因为广告非常精准地匹配了用户的搜索意图。例如，如果广告关键词是"小米 13 Ultra"，则只有当用户搜索"小米 13 Ultra"时，广告才会展示。

- **短语匹配**：只有当用户搜索的关键词包含广告关键词且顺序相同时，广告才会触发展示。用户搜索的关键词可以包含其他前置或后置词汇。例如，如果广告关键词是"高端手表"，那么当用户搜索"最好的高端手表"或"高端手表品牌"时，广告便会展示。

- **智能匹配**：当用户搜索的关键词与广告关键词相关时，如同义词、近义词、相关词，广告就可能触发展示。这种匹配方式可以带来较大的流量，但可能导致较低的转化率。例如，如果广告关键词是"健康食品"，那么当用户搜索"天然食品"或"健康饮食"时，广告便会展示。

- **否定匹配**：当用户搜索的关键词与设置的否定关键词匹配时，不展示广告。否定匹配主要配合短语匹配和智能匹配这两种匹配方式一同工作，从所有配置的搜索关键词中剔除掉不需要的关键词。

SEO人员在设置关键词匹配时，可以先将关键词的匹配方式设置为智能匹配或短语匹配。然后使用2～3周的时间来观察效果，在此期间可以通过搜索关键词报告查看广告关键词匹配了哪些搜索关键词，如果其中包含一些不相关的关键词，则可以通过否定匹配来优化匹配结果。

（5）出价优化。出价优化是指通过调整广告投放的出价策略提高广告效果和控制广告投放成本。

- **制定合理的出价策略：** 应该根据广告目标、预算、竞争情况等因素制定合理的出价策略，以便更好地控制广告投放成本和优化广告效果。例如，可以根据不同关键词的竞争程度、转化率等因素制定不同的出价策略。

- **使用自动出价工具：** 自动出价工具可以根据企业设定的规则自动调整出价策略，以便更好地控制广告投放成本和提高管理效率。

- **进行A/B测试：** 可以通过A/B测试对比不同出价策略的转化率、成本等数据，以确定不同的出价策略对广告效果的影响，从而选出更好的出价策略。

- **关注竞争对手的出价情况：** SEO人员可以通过竞争对手的出价情况了解行业竞争情况和市场价格变化，并以此制定出适合自己企业的出价策略以应对竞争。

🎓 专家指导

A/B测试是一种常用的市场营销测试方法，也称为分组测试或对照测试。A/B测试通过同时测试两种或多种不同的方案并比较它们的效果来选出更优秀的方案。

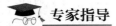 **任务三 使用百度搜索推广**

佳美馨装饰网的SEO人员在深入了解了搜索推广的各种方式后，最终选择了百度的搜索推广来推广"金秋送福，装修特惠"活动。由于百度搜索推广提供一站式服务，可以轻松地创建和管理搜索广告计划，并提供全方位数据监测报表，因此，佳美馨装饰网的SEO人员将利用这些服务监测和优化营销效果。

一、开通百度营销账户

SEO人员要使用百度搜索推广，需要先开通百度营销账户，开通百度营销账户的流程可以分为开户资料准备、注册申请、信息审核3步。

1. 开户资料准备

SEO人员在开通推广账户前，应充分准备好开户所需资料。不同平台需要的资料不尽相同，一般来说，包括企业营业执照、网站ICP备案及行业相关资质等。这些开户资料对账户注册来说至关重要，做足准备才能让企业的推广之旅走得更加稳健！

2. 注册申请

注册申请是账户创建的第一步。以注册百度营销账户为例，注册流程十分简单明了，只需要在线填写申请表格并提交相关信息即可。在申请表格中填写准确的信息，可以提高审核通过的概率，缩短审核时间，快速完成注册申请。

3. 信息审核

注册申请成功后，百度搜索推广会审核营业执照、从业资质、ICP备案、企业所在地、联系人信息及网站内容等。反馈审核结果一般需要3个工作日，若审核通过，则需向账户充值以作为推广预算，随后便可以轻松上手投放广告。

二、账户设置

高效的营销账户设置需要建立在合理的账户结构与灵活运用各功能模块的基础上。账户设置主要包括地域设置、预算设置等。

1. 地域设置

通过地域设置，SEO人员可以设置账户的默认推广区域。如果某推广计划未设置推广地域，则以账户设置为准。也可以为特定推广计划单独设定推广地域，这将使其仅在指定区域投放。例如，若账户设定的推广地域为一线及新一线城市，而重点市场推广计划仅设置了北京和天津，则重点市场将只在北京和天津投放，而没有设置推广地域的其他推广计划将在所有一线及新一线城市投放。

案例 9-1 地域设置

微课视频：地域设置

步骤 01 注册并登录百度营销，单击"搜索推广"栏中的 进入 按钮进入搜索推广首页。

步骤 02 在首页左侧选择"设置"栏下的"账户设置"选项，然后在右侧的"账户信息"栏中单击"地域"选项对应的"修改"超链接，如图9-6所示。

图9-6 单击"地域"选项对应的"修改"超链接

步骤 03 在打开的页面中选中要进行推广的地域左侧的复选框，然后单击 确定 按钮，完成账户的地域设置。

🎓 专家指导

在百度的搜索推广中对推广地域有两种划分方式，一种是按省市划分，在这种方式下可以按省市选择要推广的区域，如图9-7所示；另一种是按发展划分，在这种方式下可以按城市的发展规模选择要推广的区域，如图9-8所示。

图9-7　按省市划分　　　　图9-8　按发展划分

2. 预算设置

SEO人员通过预算设置可以为账户和推广计划设置预算。当某个推广计划产生的广告费用超出了该推广计划的预算时，该推广计划停止投放；当所有推广计划总的广告费超出账户的预算时，所有推广计划都停止投放。当然也可以将预算设置为不限，这样就不会因预算不足而出现广告突然终止投放的情况。

案例9-2　预算设置

步骤 01 ▶选择"设置"栏下的"账户设置"选项，然后在右侧的"账户信息"栏中单击"预算"选项对应的"修改"超链接。

步骤 02 ▶在打开的页面中单击 自定义 按钮，然后设置每日的预算金额，再单击 确定 按钮完成账户的预算设置，如图9-9所示。

微课视频：预算设置

图9-9　预算设置

三、新建计划

要使用百度搜索推广发布搜索引擎广告，需要先在百度搜索推广中新建计划。

微课视频：新建计划

案例9-3　新建计划

步骤 01 ▶注册并登录百度营销，单击"搜索推广"栏中的 进入 按钮，如图9-10所示。

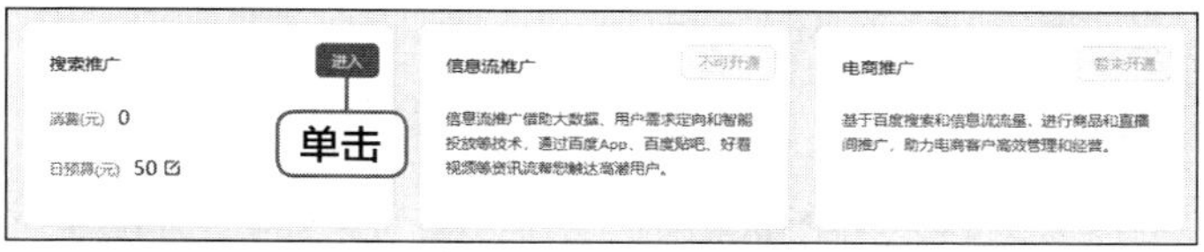

图9-10 单击"进入"按钮

步骤 02 ▷进入搜索推广首页,选择左侧的"计划"选项,进入"计划"页面,单击左上角的 新建计划 按钮,如图9-11所示。

图9-11 "计划"页面

步骤 03 ▷在打开的页面的"营销目标"栏中单击"网站链接"按钮📇,在"推广业务"栏中单击 选择一个推广业务 和 其他推广业务 按钮,然后设置具体的业务为"房产家居>装潢装修>家庭装修>整体装修>新房装修",如图9-12所示,完成后单击 确定 按钮。

图9-12 营销目标和推广业务的设置

步骤 04 ▷打开"计划设置"页面,在"出价方式"栏中单击 点击 按钮,并设置出价为"1元/点击",如图9-13所示。

步骤 05 ▷在"预算"栏中单击 自定义 按钮,并设置日预算为"50元",如图9-14所示。

步骤 06 ▷在"推广地域"栏中单击 自定义计划地域 按钮,然后在"可选城市"栏中选中"一线城市"和"新一线城市"复选框,选择所有的一线城市和新一线城市,如图9-15所示。

图9-13 设置出价   图9-14 设置预算

步骤 07 在"已选城市"栏中选中"一线城市"复选框，然后单击 批量修改出价 按钮，在打开的面板中设置出价系数为"1.5"，然后单击"应用"超链接，如图9-16所示。

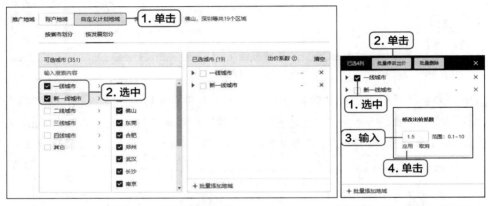

图9-15 设置推广地域   图9-16 设置出价系数

步骤 08 在"推广时段"栏中选择周一至周日的0:00至8:00时间段，在打开的对话框中选中"投放"单选项，然后设置出价系数为"0.5"，如图9-17所示。

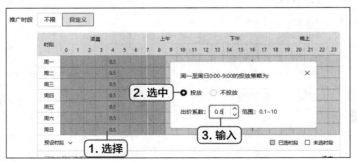

图9-17 设置推广时段

步骤 09 在"人群"栏中单击 定向人群 按钮，单击"新建"超链接，打开"新建定向人群"页面，在"年龄"栏中单击 锁定年龄段 按钮，在"年龄范围"栏中选中"25-34岁""35-44岁""45-54岁"复选框；在"兴趣"栏中单击 自定义 按钮，在"可选兴趣"栏中选中"建材家居"后的复选框。设置"人群名称"为"建材家居"，单击 保存并关闭 按钮，如图9-18所示。

图9-18 新建定向人群

步骤10 ▶ 返回"计划设置"页面。在"人群"栏中单击 不限 按钮，再单击 定向人群 按钮，在"可选定向人群"栏中刷新出新建的定向人群。选中"建材家居"对应的复选框，然后在右侧的"已选定向人群"栏中设置出价系数为"1.3"，如图9-19所示。

步骤11 ▶ 设置计划名称为"中秋促销"，然后单击 保存并新建单元 按钮完成计划的设置，如图9-20所示。

图9-19 设置定向人群　　　　　　图9-20 设置计划名称

四、新建单元

每个计划中可以新建多个单元，除了在保存计划时自动新建单元外，还可以手动新建单元。

案例 9-4　新建单元

步骤 01 ▶ 在首页左侧选择"单元"选项，然后单击左上角的 <kbd>新建单元</kbd> 按钮，打开"新建单元"对话框，设置"推广计划"为"中秋促销"，单击 <kbd>确定</kbd> 按钮，如图9-21所示。

微课视频：新建单元

图9-21　新建单元

步骤 02 ▶ 在打开页面的"单元设置"栏的"计算机最终访问网址"文本框中输入PC端促销网页的网址，在"移动最终访问网址"文本框中输入移动端促销网页的网址，设置"单元出价"为"1.5元"，品牌信息保持默认不变，如图9-22所示。

图9-22　单元设置

步骤 03 ▶ 在"定向设置"栏中单击"自动定向"栏的 <kbd>启用</kbd> 按钮，然后单击"展开添加关键词"超链接，如图9-23所示。

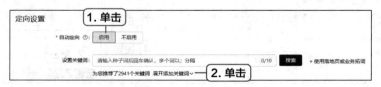

图9-23　启用自动定向

🎓 专家指导

> 　　启用自动定向后，即使未添加关键词，**系统也可自动定向到与单元内的创意和最终访问网页内容相关的搜索用户。**

步骤 04 ▶ 在展开的面板中显示了系统推荐的关键词及其指导价、月均搜索量和竞争激烈程度等信息。可以根据实际需要，单击相应关键词后的"添加"超链接，将其添加到右侧的"关键词"列表中，并可以为每个关键词单独设置匹配模式和出价，如图9-24所示。

步骤 05 ▶ 设置完成后，如果还要继续新建单元，则可以单击 保存并新增一个单元 按钮，如果不需要，则可以单击 保存 按钮返回"单元"页面，或单击 下一步新建创意 按钮进入"新建创意"页面，如图9-25所示。

图9-24 设置关键词　　　　　　　　　图9-25 保存单元

五、新建创意

在百度的搜索推广中，创意是指广告的具体内容和展现形式，有创意和创意组件两种形式。创意的形式较为简单，只包含标题、描述、图片和网址；创意组件的形式是多种多样的，具有展示多张图片、拨打电话、填写问卷表单等功能。

1. 创意

每个单元中可以新建多个创意，除了在保存单元时自动新建创意外，还可以手动新建创意。

案例 9-5　新建创意

步骤 01 ▶ 在首页左侧选择"创意"栏下的"创意"选项，打开"创意管理"选项卡，单击左上角的 新建创意 按钮，如图9-26所示。

微课视频：新建创意

图9-26 单击"新建创意"按钮

步骤 02 ▷打开"请选择创意的投放范围"页面，在"可选计划单元"栏中选中"中秋促销"复选框，单击 下一步新建创意 按钮，如图9-27所示。

步骤 03 ▷打开"创意文案"页面，设置创意的标题、描述等内容，如图9-28所示。

图9-27 选择计划单元　　　　　　　　图9-28 设置创意文案

步骤 04 ▷单击"创意素材"栏下方的 添加图片 按钮，打开"图片库"对话框，切换到"图片助手"选项卡，在其中选择多张图片并将其添加到左侧的"已选图片"栏中，然后单击 确定 按钮，如图9-29所示。

图9-29 选择图片

🎓 专家指导

　　在设置创意的标题和描述内容时，可以单击 ⊕关键词0 或 ⊕地域0 按钮，将选择的文本使用"{}"括起来，这些文本在最终的广告效果中会以红色的文本突出显示。另外，一行描述文本最多只能有80个字符（40个汉字），如果描述文本过多，则需要在"创意描述第一行"和"创意描述第二行"中分别设置，在最终的显示结果中会自动连接为一个段落。

步骤 05 ▷打开"图片裁剪"对话框，在其中选中"比例1：1""比例3：1""比例3：2""比例16：9"4个复选框，然后单击 确定 按钮，将每张图片裁剪成4张不同比例的图片，如图9-30所示。

在"图片库"对话框中单击 本地上传 按钮可以从本地上传图片；在"版权图片"和"图片助手"选项卡中，系统会根据关键词自动提供相关的图片；在"站点挖掘"选项卡中可以输入一个网站的网址，系统会自动在该网站中挖掘图片；在"我的图片"选项卡中可以查看所有以前添加过的图片。

图9-30 裁剪图片

步骤06 ▶此时，"创意素材"栏中将显示添加的图片，选中"全选"复选框选择所有的图片，然后在显示出的操作栏中单击"批量编辑主题"超链接，在打开的面板中输入"装修效果图"文本，然后单击 确定 按钮，如图9-31所示。

图9-31 设置图片主题

步骤07 ▶在右侧的"创意预览"栏中单击 移动 按钮可以预览广告在移动端的显示效果，单击 计算机 按钮可以预览广告在PC端的显示效果，单击<或>按钮可以在多个不同的创意样式之间切换，如图9-32所示。

（a）移动端创意样式

图9-32 预览创意样式

（b）PC端创意样式

图9-32　预览创意样式（续）

步骤08 ▶ 单击页面下方的 保存当前创意 按钮保存创意，返回"创意管理"选项卡，在其中可以看到创建的创意，如图9-33所示。

图9-33　保存并查看创意

2. 创意组件

创意组件是对现有创意样式的补充，在原创意的下方可以增加更多的内容和功能。创意组件的类型主要有图片类、文字类、视频类、营销类等。

要创建创意组件，需要在百度搜索推广首页的左侧选择"创意组件"选项，在右侧选择要创建的创意组件类型，然后新建该类组件，并在打开的页面中设置，如图9-34所示。

（1）图片类组件。图片类组件可以在创意下方显示多张图片，单击图片可以跳转到对应的网页，有图集和图文两种形式。图集形式显示固定张数的图片（移动端3张、PC端4张），如图9-35所示。

图9-34　创建创意组件

图9-35　图片类组件（图集形式）

图文形式可以显示更多的图片，在移动端采用滑动的方式显示其他图片，在PC端可以单击相应的按钮展开显示其他图片，并且可以为每张图片设置单独的说明文本和网址，如图9-36所示。

图9-36 图片类组件（图文形式）

（2）文字类组件。文字类组件可以在创意下方添加链接，有组合文字链和单条文字链两种。组合文字链可以添加3个链接，单条文字链只能添加一个链接。链接的前面有标签，长度为4～8个字符（2～4个汉字），链接文本长度为12～48个字符（6～24个汉字）。文字类组件设置页面如图9-37所示。

（3）视频类组件。视频类组件可以将原创意中的图片替换为视频，其设置页面如图9-38所示，只需上传一段视频和封面图片，就可以自动生成多种不同的创意效果。

图9-37 文字类组件设置页面　　　　　　图9-38 视频类组件设置页面

（4）营销类组件。营销类组件可以方便用户连接客服，包括电话、咨询等组件类型。

电话组件会在移动设备的广告中显示一个 📞拨打电话 按钮，单击该按钮，可以使用手机拨打设置的号码，其设置页面如图9-39所示。

图9-39 电话组件设置页面

咨询组件又可以细分为咨询方案和咨询链接两种。使用咨询方案，用户在单击广告后将打开百度生成的咨询页面，可以和客服实时对话。咨询方案提供了智能客服功能，支持自动应答，如图9-40所示。

图9-40　咨询方案

咨询链接在广告中显示一个  按钮，单击该按钮可以使用其他即时通信工具和客服联系，如图9-41所示。

图9-41　咨询链接

课堂实训

【实训背景】

爱迪尔是一个提供个性化创意产品定制服务的电商平台，用户可以在该平台上自行定制各种产品，包括T恤、帽子、杯子、手机壳等。爱迪尔计划在端午节开展一场优惠活动，并希望通过百度搜索推广发布活动的广告，提高品牌知名度和销售额。

【实训要求】

（1）制订合理的百度搜索推广计划，包括选择合适的关键词、编写优质的广告文案等。

（2）设置投放地域、时间和预算，以控制推广成本，并同时提高转化率和投资回报率。

【实施过程】

1. 选择关键词

步骤 01 ▶通过百度的关键词规划师工具，输入与爱迪尔相关的词汇，如"个性化定制""T恤定制""手机壳定制""端午节礼物"等，获取这些关键词及关键词相关的指导价、月均搜索量、竞争激烈程度等数据。

步骤 02 ▶根据数据筛选出搜索量较高、竞争度适中、与端午节活动有关的关键词作为广告的关键词，并将筛选的关键词按照主题和性质分组。

步骤 03 ▶ 根据实际情况设定关键词出价，控制推广成本。对于竞争度高的关键词，可以适当提高出价以获得更多的曝光和更高的转化率。最终选择的关键词如表9-1所示。

表9-1 选择的关键词

关键词	月均搜索量	竞争激烈程度	指导价/元	出价/元
定制	14 464	高	0.46	0.5
私人定制	12 619	低	0.32	0.32
T恤定制	4 485	高	3.15	3.5
公司定制礼品供应商	3 909	高	0.88	0.9
公司礼品定制	1 753	高	1.22	1.5
个性化定制	1 195	低	0.42	0.42
手机壳定制	1 185	中	0.53	0.6
端午节礼物	199	高	1.24	1.5

2. 编写广告文案

编写吸引用户点击的优质广告文案，突出端午节优惠、个性化定制等关键信息，编写的广告文案如下。

爱迪尔端午节特惠，个性化定制礼物，立享优惠
创意无限，个性化定制从爱迪尔开始
轻松DIY，创意随心，让爱迪尔为你量身定制
爱迪尔个性化定制T恤，让你的衣服"说出"你的心声
定制你的专属手机壳，让手机不再单调无味
爱迪尔为你打造独一无二的杯子，让喝茶变得更有趣
想送特别的礼物吗？试试爱迪尔个性化定制，让他/她感受你的心意
端午节到了，快来爱迪尔定制你的端午节礼物，惊喜不打烊
爱迪尔定制，用创意点亮你的生活
定制你的专属帽子，让你的形象与众不同，从爱迪尔开始

3. 设定投放地域

根据目标用户和竞争情况选择合适的投放地域，如表9-2所示。

表9-2 投放地域

投放地域	出价系数
一线城市	1.5
新一线城市	1.2
二线城市	1
其他	0.8

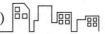

搜索引擎营销与推广：理论、案例与实训（微课版）

4. 设定投放时间

根据端午节活动的时间节点和目标用户的上网习惯，设定合理的投放时间段。2023年端午节为6月22日，整个广告投放时间为6月17—24日，共8天时间。具体的投放时段及出价系数如表9-3所示。

表9-3　投放时段及出价系数

日期	出价系数			
	00:00—06:00	07:00—12:00	13:00—18:00	19:00—23:00
6月17日（周末）	0.5	1	1.2	1.5
6月18日（周末）	0.5	1	1.2	1.5
6月19日	0.5	1	1.2	1.5
6月20日	0.5	1	1.2	1.5
6月21日	0.8	1.2	1.5	2
6月22日（端午节）	1	1.5	2	2
6月23日（放假）	0.5	1	1.2	1.5
6月24日（放假）	0.5	1	1	1

5. 设定投放预算

设定合理的投放预算，控制整体的推广成本，如表9-4所示。

表9-4　投放预算

日期	预算／元
6月17日—6月18日	2 000
6月19日—6月22日	5 000
6月22日	8 000
6月23日—6月24日	2 000

 职业素养

SEO人员应具备数据分析和决策能力，能够根据数据反馈及时调整决策，并运用数据思维来解决问题。

课后练习

一、选择题

1. 下面关于SEO和SEM的说法错误的是（　　　）。

A. SEO是一种自然的推广方式，而SEM则只依赖于付费推广

B. 通过SEO可以提高网站的质量和相关性，从而可以得到更多展示SEM广告的机会

C. 通过网站的SEM数据可以为SEO策略的制定提供有价值的信息和指导

D. SEO指的是通过一系列的技术手段和策略提高网站在搜索引擎中的排名

178

2. SEM的方式不包括（　　　）。

　　A．搜索推广　　　　　　　　　B．SEO

　　C．社交媒体广告　　　　　　　D．楼宇广告

3. 在搜索推广时，如果要限制所有推广计划中广告每天的总费用，则应该在（　　　）设置里设置预算。

　　A．账户　　　　　　　　　　　B．计划

　　C．单元　　　　　　　　　　　D．创意

4. 以下选项中，不是搜索推广中关键词的匹配方式的是（　　　）。

　　A．精确匹配　　　　　　　　　B．短语匹配

　　C．智能匹配　　　　　　　　　D．包含匹配

二、判断题

1. 在竞价排名中，广告的质量得分非常重要，较高的质量得分可能使低价广告排在高价广告之前。　　　　　　　　　　　　　　　　　　　　　（　　　）

2. 在搜索推广中设置推广地域时可以为不同的地区设置不同的出价系数。

　　　　　　　　　　　　　　　　　　　　　　　　　　　　　　（　　　）

3. 在搜索推广中设置推广时段时可以为不同的时段设置不同的出价系数。（　　　）

4. 在搜索推广中可以单独为每个创意设置出价。　　　　　　　　　（　　　）

5. 在搜索推广的单元设置中可以为每个关键词设置不同的出价。　　（　　　）

三、简答题

1. 简述SEM的基本步骤。

2. 简述开通百度营销账户的流程。

四、操作题

　　茶道家是一家专注于高品质茶叶销售的公司，致力于让更多的人通过品茶领略生活的美好。茶道家的茶叶来自全国各地的知名茶园，采用传统的制茶工艺和先进的技术，保证每一款茶叶的香气和口感都能达到较好的状态。茶道家的产品涵盖绿茶、红茶、乌龙茶、白茶、黄茶、黑茶、花茶等多个品种，能够满足不同人群的口味需求。为配合春季新品上市，茶道家决定推出"春茶新品季"促销活动。为快速吸引潜在用户，茶道家计划通过SEM来推广活动。

　　请为茶道家制订一个SEM营销方案。

项目十

SEO+SEM综合实战

项目背景

随着互联网的快速发展，越来越多的企业开始意识到网络营销的重要性。在众多的网络营销手段中，SEO和SEM是较常用的两种。本项目以汇思文具的SEO和绿洲房地产的SEM为例，讲解如何综合运用SEO和SEM来提高网站在搜索引擎中的曝光率。

知识目标

- 掌握综合运用SEO的知识来优化网站结构、内容和链接等的方法和技巧。
- 掌握网站SEM的工作内容和基本流程。

技能目标

- 能够对网站进行全面的SEO，提高网站在搜索引擎中的排名。
- 能够根据目标用户和营销需求制定合适的SEM推广策略，提高广告的点击率和转化率。

素养目标

- 培养系统性思考的能力，能够主动发现问题并找到解决方案。
- 注重策略性和实际操作，在学习和总结经验的过程中不断进步。

任务一 电商网站SEO实例

　　汇思文具是一家专业的办公用品网上商城，致力于提供高品质的办公用品和优质的客户服务。汇思文具的产品涵盖文具、办公用纸、数码产品、装订用品等多个品类，能够满足用户的多样化需求。然而，即使拥有好的产品和服务，如果没有一个良好的营销策略，也难以把这些优质的产品和服务推销出去。因此，汇思文具决定通过SEO来提高网站的排名和曝光率，使更多的潜在用户能够找到并了解汇思文具的产品和服务，提升品牌知名度，获取用户的信任并提高其忠诚度。

一、网站基本情况分析

　　网站基本情况分析包括市场定位分析、用户分析、竞争对手分析、自身资源分析4个方面。

1. 市场定位分析

　　汇思文具作为一家专业的办公用品网上商城，其市场定位为面向企业和个人的办公用品网站，以满足用户在学习、工作和生活中的日常办公用品需求为主要目的。

2. 用户分析

　　用户分析是指对网站的服务对象进行分析。清晰的用户分析可以使企业更加明确网站的服务对象，从而建设符合用户群体需求的网站布局、链接结构、内部及外部链接等。

　　汇思文具的主要用户可以分为以下3类。

- **企业用户：** 汇思文具的主要用户是企业用户，包括各种规模的企业、政府部门等。这些用户通常需要大量的办公用品，如文件夹、笔记本、笔、打印纸等。汇思文具通过提供全面、高效、便捷的服务来满足他们的需求。

- **个人用户：** 汇思文具的个人用户包括学生、白领和其他个人用户。这些用户通常需要购买各种文具和办公用品来满足自己的学习和工作需求。汇思文具通过提供多元化、个性化、高品质的产品和服务来满足他们的需求。

- **教育机构：** 汇思文具还服务于各种教育机构，包括学校、培训机构等。这些用户通常需要购买各种文具和办公用品来满足学生的学习需求。汇思文具通过提供多种教育专用文具和办公用品来满足他们的需求。

3. 竞争对手分析

　　竞争对手分析旨在审视市场中影响汇思文具网站运营的其他网站，通过查找各自的优势与不足，制定相应的竞争策略，最终获得市场主导权和丰厚收益。汇思文具的主要竞争对手包括综合电商网站、各文具品牌官网和其他文具电商网站3类。

- **综合电商网站：** 综合电商网站，如天猫、京东商城等网站的知名度非常高但同时涉猎产品繁多，难以提供专业化服务。相比之下，汇思文具可以提供针对性强的专业解决方案，这也是其核心竞争力所在。

- **各文具品牌官网：** 各文具品牌官网，如晨光、得力等网站的知名度较高且专业性强，但品牌单一，其中部分网站更侧重品牌推广而非销售，无法满足用户多元化的需求。汇思文具聚合多品牌资源，轻松满足用户的选择需求。

- **其他文具电商网站：** 与汇思文具定位最为相近，故需重点关注其网站架构、网页布局、内容组织与链接结构等，借鉴其优点以提升自身竞争力。同时，汇思文具也要保持自身的差异化定位，深化专业化服务，继续巩固核心优势。

4. 自身资源分析

自身资源是指网站运营所需的人力资源、资金资源、技术资源、外部合作资源、用户资源等能促进网站发展的所有资源的集合。

汇思文具的自身资源如下。

- **人力资源：** 拥有一支专业的设计团队和生产团队，能够提供高品质的办公产品和个性化定制服务。

- **资金资源：** 具备足够的资金支持，能够自主研发和生产，并投入广告宣传和市场推广等。

- **技术资源：** 拥有自主研发的生产技术和设计软件，能够不断提高产品的质量和生产工艺水平。

- **外部合作资源：** 与多家供应商和销售渠道建立了合作关系，具有明显的资源优势。

- **用户资源：** 积累了大量的忠实个人用户和企业用户，能够为网站提供持续的销售和市场反馈，促进网站的长期发展。

二、网站访问速度检测

对于SEO来说，网站的访问速度和稳定性非常重要，所以企业在开始优化网站之前需要检测网站的访问速度。

检测网站访问速度的工具有很多，如站长工具、爱站网、百度统计等。图10-1所示为使用站长工具对汇思文具进行检测后的结果，从中可以看出汇思文具的网站访问速度较快。

监测点	响应IP	IP归属地	响应时间	TTL
江苏泰州[电信]	101.37.130.58	浙江省杭州市 阿里云	10ms	87
江苏宿迁[电信]	101.37.130.58	浙江省杭州市 阿里云	20ms	88
陕西西安[电信]	101.37.130.58	浙江省杭州市 阿里云	32ms	89
辽宁大连[电信]	101.37.130.58	浙江省杭州市 阿里云	47ms	88
浙江绍兴[电信]	101.37.130.58	浙江省杭州市 阿里云	5ms	92
辽宁沈阳[电信]	超时(重试)			
河南新乡[多线]	101.37.130.56	浙江省杭州市 阿里云	29ms	87
广东深圳[移动]	101.37.130.58	浙江省杭州市 阿里云	60ms	251
浙江湖州[电信]	101.37.130.58	浙江省杭州市 阿里云	5ms	91
浙江金华[联通]	101.37.130.58	浙江省杭州市 阿里云	11ms	90

图10-1 检测网站访问速度

专家指导

网站访问速度较慢有两方面的原因。一是网站设计，可以通过网页优化及相应设置予以改善；二是网站服务器，可以通过更改服务器类型、提升服务器配置及带宽、更换服务器提供商等方式加以改善。

三、网站关键词的挖掘与筛选

通常情况下，企业在网站建设之初应该确定网站的全部关键词，首先需要从最初的核心关键词出发，挖掘所有相关关键词，然后在其中筛选出需要的关键词。其具体操作如下。

步骤01 ▶通过对办公用品的了解以及网站的定位，以"办公文具"为核心，制作思维导图，如图10-2所示。

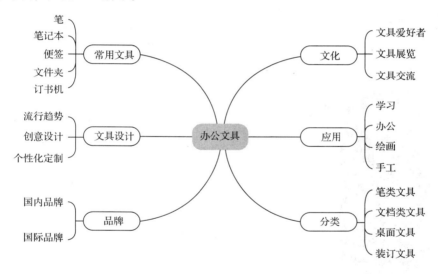

图10-2 思维导图

步骤02 ▶在百度搜索"办公文具"，然后在"搜索建议"下拉列表、"大家还在搜"栏和"相关搜索"栏中查找相关的关键词，如图10-3所示。

步骤03 ▶在搜索结果页面中单击一个排名靠前的网页链接，在打开的网页中查询可用的关键词，主要查看导航栏中各个栏目的名称及各个板块的标题名称，如图10-4所示。

步骤04 ▶在空白位置单击鼠标右键，在弹出的快捷菜单中选择"查看源文件"命令查看网页的源代码，在title、description、keywords中查看相关关键词，如图10-5所示。

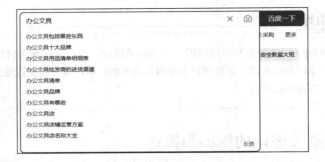

图10-3　通过百度获取相关关键词

图10-4　查看网页

```
<title>成都办公用品_办公用品一站式采购_办公用品清单及价格_办公用品报价_办公用品网_劳保用
品文具用品财务用品_耗材设备_快力文办公用品商城</title>
<meta name="keywords" content="办公用品清单,办公用品一站式采购,劳保用品,办公耗材,办公
设备,文具用品,文具批发,财务用品,成都办公用品,办公用品配送,办公用品报价,办公用品网,办公用
品采购,办公礼品,商务礼品,成都礼品网。
">
<meta name="description" content="快力文办公商城是成都地区专业办公用品网上商城,提供
办公用品一站式采购、文具批发、办公用品清单、劳保用品、办公耗材、办公设备、财务用品、成都
办公用品、文具用品、学生用品直销等服务,全场满1000元免费送货,订购热线:13980710689">
```

图10-5　在网页源代码中查看相关关键词

步骤 05 ▶打开其他排名靠前的网页，在其首页和源代码中查找所需的关键词。

步骤 06 ▷ 在爱站网中启用"关键词挖掘"工具，在搜索框中输入"办公文具"关键词，单击 ▮查询▮ 按钮，在查询结果中查找所需的关键词，如图10-6所示。

图10-6　关键词挖掘

步骤 07 ▷ 从思维导图中挑选其他关键词，然后重复步骤02～步骤06，最后整理得到关键词，从中确定出核心关键词、次要关键词和长尾关键词，如表10-1所示。

表10-1　关键词（部分）

关键词类型	关键词
核心关键词	办公文具、办公礼品、办公耗材、财务用品
次要关键词	办公用品网、办公定制、办公文具店、办公文具品牌、办公文具清单、办公用品报价、办公用品采购、办公纸、办公用品配送……
长尾关键词	办公文化用品有哪些、办公文具包括哪些东西、办公室耗材有哪些、办公文具十大品牌、办公用品清单及价格、办公用品清单明细表、办公用品一站式采购、办公用品网上商城、办公必备用品清单……

四、网站优化

接下来，汇思文具需要对网站的标题、描述、关键词、内部链接、URL路径等进行优化。

1．标题优化

优化网站中各级网页的标题，其具体操作如下。

步骤 01 ▷ 将网站首页的标题设置为"网站名称+3～5个核心关键词"的形式，如

"汇思文具–办公文具,办公礼品,办公耗材,财务用品"，如图10-7所示。

步骤 02 ▶ 将网站栏目页的标题设置为"栏目标题+3～5个关键词+网站名称"的形式，如"办公文具_中性笔_文件袋_修正液–汇思文具"，如图10-8所示。

图10-7　网站首页标题　　　　　　　　　图10-8　网站栏目页标题

步骤 03 ▶ 将产品详情页的标题设置为"产品名称+网站名称"的形式，如"晨光0.5mm中性笔创意者GP1008（黑 红 蓝 墨蓝）单只装 – 汇思文具"，如图10-9所示。

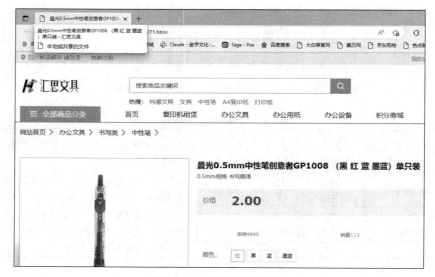

图10-9　产品详情页标题

2. 描述优化

优化网站中各级网页的描述，其具体操作如下。

步骤 01 ▶ 将网站首页的描述设置为网站整体的介绍，如"汇思文具，专业办公用品网上商城，销售办公文具、办公礼品、办公耗材、财务用品、办公设备等，以及提供个性化文具和礼品的定制服务。全场包邮，7天无理由退货！"，如图10-10所示。

```
<meta name="description" content="汇思文具,专业办公用品网上商城,销售办公文具、办公礼品、办公耗
材、财务用品、办公设备等,以及提供个性化文具和礼品的定制服务。全场包邮,7天无理由退货!">
```

图10-10 网站首页的描述

步骤02 将网站栏目页的描述设置为该栏目的介绍,如"汇思文具办公文具栏目汇集得力、晨光、英雄、三菱等国内外众多知名品牌,全场3折起,100%正品。了解办公文具价格、评价等,网购优惠办公文具,就上汇思文具!",如图10-11所示。

```
<meta name="description" content="汇思文具办公文具栏目汇集得力、晨光、英雄、三菱等国内外众多知名品
牌,全场3折起,100%正品。了解办公文具价格、评价等,网购优惠办公文具,就上汇思文具!">
```

图10-11 网站栏目页的描述

步骤03 将产品详情页的描述设置为该产品的介绍,如"晨光0.5mm中性笔创意者GP1008(黑 红 蓝 墨蓝)单只装,汇思文具仅售2.00元,全场3～7折优惠。购买正品晨光中性笔,了解晨光中性笔相关信息就上汇思文具!",如图10-12所示。

```
<meta name="description" content="晨光0.5mm中性笔创意者GP1008(黑 红 蓝 墨蓝)单只装,汇思文具仅
售2.00元,全场3~7折优惠。购买正品晨光中性笔,了解晨光中性笔相关信息就上汇思文具!">
```

图10-12 产品详情页的描述

3. 关键词优化

优化网站中各级网页的关键词,其具体操作如下。

步骤01 将网站首页的关键词设置为网站的核心关键词,如"办公文具,办公礼品,办公耗材,财务用品,汇思文具",如图10-13所示。

```
<meta name="keywords" content="办公文具,办公礼品,办公耗材,财务用品,汇思文具">
```

图10-13 网站首页的关键词

步骤02 将网站栏目页的关键词设置为与该栏目相关的关键词,如"办公用品,得力,晨光,英雄,三菱,汇思文具",如图10-14所示。

```
<meta name="keywords" content="办公用品,得力,晨光,英雄,三菱,汇思文具">
```

图10-14 网站栏目页的关键词

步骤03 将网站产品详情页的关键词设置为与该产品相关的关键词,如"晨光,中性笔,创意者,GP1008,汇思文具",如图10-15所示。

```
<meta name="keywords" content="晨光,中性笔,创意者,GP1008,汇思文具">
```

图10-15 网站产品详情页的关键词

4. 内部链接优化

由于汇思文具产品种类众多,所以要为整个网站添加各种不同形式的内部链接,这

样不仅可以方便用户快速找到想要的产品，也可以增加网站内部链接的数量和丰富内部链接的形式。

步骤 01 ▶ 在网站首页头部导航中为"复印机租赁""办公文具""办公用纸""办公设备"等文本添加相应的超链接，以便用户可以直接打开对应的栏目页。

步骤 02 ▶ 在网站首页头部左侧添加一个"全部商品分类"导航栏，在该导航栏中以多级菜单的形式列出网站所有产品的类别，通过其中的链接可以打开网站中各产品类别的栏目页，如图10-16所示。

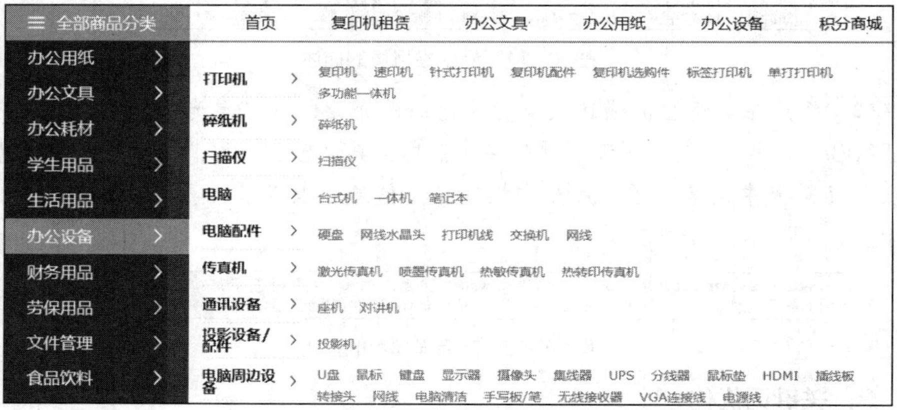

图10-16　首页中的导航栏设置

步骤 03 ▶ 在"全部商品分类"栏下方设置"最新活动""热销商品""领券中心"栏，并为每栏添加"更多"超链接，以便用户可以打开对应的栏目页，同时为图片添加链接，让用户单击其中的图片就可以打开对应产品或活动等的详情页，如图10-17所示。

图10-17　首页中的内部链接1

步骤 04 ▶ 在下面的各个栏目中分类展示不同的产品，并为它们添加可以跳转到详情页的图片或文本链接，如图10-18所示。

图10-18　首页中的内部链接2

步骤 05 ▶在栏目页中的导航栏下方添加面包屑导航，既可以让用户快速返回各级网页，又可以让网络蜘蛛沿着其中的链接抓取其他的网页。在面包屑导航下方左侧添加一个"全部分类"导航栏，单击其中的文本链接可以切换到不同的产品分类。在"全部分类"导航栏的右上方添加一个"品牌"和"产地"导航栏，单击其中的文本链接可以切换到不同的品牌和产地。"产地"导航栏的下方展示了本栏目中的产品，单击产品图片或名称将打开对应产品的详情页，如图10-19所示。

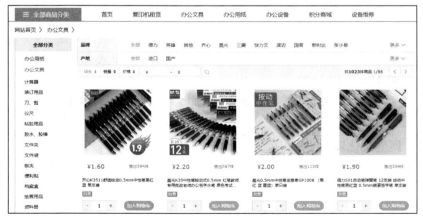

图10-19　栏目页中的内部链接

步骤 06 ▶在产品详情页中除了主导航和面包屑导航外，还添加了一个"推荐商品"栏，在其中列出了和当前产品相关的产品，以便用户比较和选择，如图10-20所示。

图10-20　产品详情页中的内部链接

5. URL路径优化

将网站中的所有URL路径全部静态化，其具体操作如下。

步骤 01 ❯ 栏目页的URL采用"list-栏目编号"的形式，如"www.huisi***.com/list-0d3.html"。

步骤 02 ❯ 产品详情页的URL采用"品牌-型号-编号"的形式，如"www.huisi***.com/deli-GP1008-100.html"。

步骤 03 ❯ 品牌专题页的URL采用"品牌-brand"的形式，如"www.huisi***.com/deli-brand.html"。

6. 其他优化设置

除了上述优化措施，汇思文具还添加了robots.txt文件，设置了404页面等，其具体操作如下。

步骤 01 ❯ 为网站添加robots.txt文件，将一些不需要搜索引擎抓取的网页屏蔽掉，如图10-21所示。

步骤 02 ❯ 为网站设置404页面，当用户手动输入不正确的URL时，系统会自动跳到404页面，十几秒后就会自动跳回网站首页，如图10-22所示。

```
User-agent: *
Disallow: /install/
Disallow: /404.html
Disallow: /bao.html/
Disallow: /hao123.html
Disallow: /page.html*
Disallow: /scps-*
Disallow: /unionLogin-*
Disallow: /unionlink-*
Disallow: /xuniremainv-*
Disallow: /member-*
Disallow: /order-*
Disallow: /gallery-*
Disallow: /*grid*
Disallow: /cart-*
Disallow: /comment--*
Disallow: /ydhw-*
Disallow: /*?*
Disallow: /list-*
Disallow: /list.html
Disallow: /item/*
Disallow: /virtual-*
Disallow: /virtual/
Disallow: /virtual-*
Disallow: /search/*
Disallow: /search
Disallow: /getlist
Disallow: /getlist/*
Disallow: /list/*_*
Disallow: /fanli-*
Disallow: /sale_pro*
Disallow: /topic*product.html$
Disallow: /images/wenzhangpic/*.jpg$
Disallow: /images/wenzhangpic/*.jpeg$
Disallow: /images/wenzhangpic/*.png$
Disallow: /images/wenzhangpic/*.bmp$
Disallow: /images/wenzhangpic/*.gif$
```

图10-21　robots.txt文件

404

抱歉，您访问的页面不存在！

01、抱歉！没有找到您要访问的页面！

02、请检查您输入的网址是否正确。

03、确认无误，有可能我们的页面正在升级或维护。

图10-22　404页面

步骤 03 ▶ 和其他相关网站建立友情链接，如图10-23所示。

图10-23　建立友情链接

五、优化效果检测

在站长工具网站中检测网站的优化效果，其具体操作如下。

步骤 01 ◐ 在站长工具网站的"SEO综合查询"页面中查询网站的SEO综合信息，在"网站基本信息"栏中查看网站的排名、流量、在各个搜索引擎中的权重、网站链接等数据，如图10-24所示。通过这些数据可以了解网站SEO的效果。

图10-24　SEO综合查询

步骤 02 ◐ 向下滚动页面，在"关键词排名"栏中查看网站关键词的排名情况及关键词带来的流量，如图10-25所示。这里所说的关键词默认是网站首页keywords中设置的关键词。

META关键词排名 提升关键词排名						一键查询 添加关键词
关键词 (KeyWords)	出现频率	2%≤密度≤8%	全网指数	百度指数	百度排名	预估流量
办公礼品	3	0.4 %	0	0	50名以外	<5
办公耗材	4	0.2 %	201	364	50名以外	<5
财务用品	4	0.2 %	86	162	50名以外	<5
汇思文具	5	0.3 %	100	182	50名以外	<5

图10-25　关键词排名

步骤 03 ◐ 利用站长工具网站的"反链查询"工具查询网站的外部链接情况，如图10-26所示。这些外部链接的网站权重和反链数等都会影响汇思文具网站的权重及排名。

图10-26　网站外部链接

任务二 房地产行业网站SEM实例

绿洲地产致力于为用户提供高品质、舒适的住宅和商业地产项目。企业通过精准的市场定位和创新的产品设计，成功打造了一系列热销项目。凭借着优质的住宅和服务，绿洲地产获得了用户的广泛认可，成为行业内的佼佼者。随着互联网的普及，越来越多的用户通过搜索引擎了解房地产信息，寻找合适的住房和商业地产项目。因此，绿洲地产决定通过SEM发布广告，以提高在线曝光度、吸引潜在用户、增加销售业绩、提高市场份额。

一、基本情况分析

基本情况分析主要包括行业背景分析、竞争对手分析和用户人群分析。

1. 行业背景分析

房地产行业是我国经济的重要组成部分，房地产行业的发展对于国民经济的稳定和发展具有重要的促进作用。近年来房地产行业呈现出一些新的趋势。一方面，用户对于房地产产品的需求越来越多样化，绿色、智能、环保的住宅和商业地产项目更受青睐。例如，近年来越来越多的楼盘开始采用智能家居、太阳能等环保节能技术，以满足用户对环保住宅的需求。另一方面，互联网+房地产的模式逐渐成熟，线上线下融合的营销方式成为行业主流。例如，房地产企业可以通过互联网平台进行线上销售，或者通过社交媒体等渠道进行线上宣传和品牌推广。

2. 竞争对手分析

在竞争对手方面，绿洲地产的主要竞争对手包括×桂园、×大地产等同城的其他房地产开发商。以×桂园为例，该企业2022年的权益合同销售额达到了约3574.7亿元，2023年2月的权益合同销售额约248.5亿元。在品牌知名度和项目质量等方面，×桂园具有一定的竞争优势。因此，绿洲地产需要通过SEM等营销手段提升品牌知名度，扩大市场份额。

3. 用户人群分析

在用户人群方面，绿洲地产的目标用户主要为年龄在25～45岁，具有一定经济实力和购房需求的群体。例如，他们可能是已婚的年轻人或者是准备购买第2套房的人群。这些用户对房地产项目的品质、设计、地段和配套设施等方面有较高要求。此外，一部分商业地产项目的目标用户为企业和投资者。例如，他们可能是寻找投资机会的投资者，或者是需要租赁商业房产的企业。

二、SEM推广策略

SEM策略主要从投放时间、投放渠道和推广账户设置3个方面来做整体规划。

1. 投放时间

根据行业特点和用户在线行为，在用户活跃的时段投放。具体来说，可以选择在周一至周五的工作日投放广告，以覆盖更多的潜在用户。同时，绿洲地产可以在一些重要的房地产促销活动期间（如楼盘开盘、优惠活动等）加大投放力度。

2. 投放渠道

绿洲地产SEM主要投放在百度、360、搜狗等主流搜索引擎，以覆盖更多的潜在用户。同时，将考虑在一些房地产门户网站和社交媒体投放广告，以提高广告的曝光度、扩大广告的覆盖面。

3. 推广账户设置

在推广账户设置阶段，绿洲地产需要在各个投放渠道设置推广账户，包括设置推广计划、推广单元、创意等内容，如表10-2所示。

表10-2　推广账户设置

推广计划				推广单元			创意	目标页面
推广计划名称	计划目标	每日预算/元	投放时间	推广单元名称	终端	单元出价/元		
品牌计划	品牌曝光	150	全天	品牌推广1	PC端	0.5	文本+图片	网站首页
		300		品牌推广2	移动端	0.5		
产品计划	效果转化	400	09:00—21:00	产品推广1	PC端	1	文本+图片	产品专题页
		800		产品推广2	移动端	1		
通用计划	曝光+转化	300		通用人群1	PC端	0.4	文本+图片	产品专题页
		600		通用人群2	移动端	0.4		
竞品计划	流量挖掘	100		竞品人群1	PC端	0.4	文本+图片	网站首页
		200		竞品人群2	移动端	0.4		
活动计划	新客拓展	300	活动时间	活动推广1	PC端	1	文本+图片	活动页面
		400		活动推广2	移动端	1		
		800		活动推广3	移动端	1	视频	

三、效果预估

绿洲地产在设置SEM策略后，需要预估推广效果，使用漏斗图分解营销流程，然后大致预估各个环节的效果，如图10-27所示。

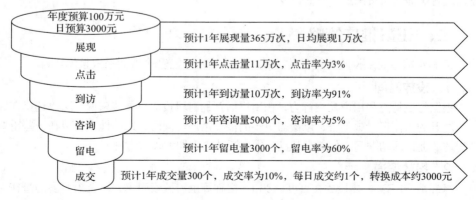

图10-27　效果预估

四、SEM效果分析

绿洲地产在开展SEM后，还需要定期分析和评估效果，只有这样，才能了解广告的实际效果，以及是否达到预期的目标，并根据结果调整和优化SEM广告的策略，以确保能够最大化地提高广告的投资回报率。

下面通过四象限分析法来分析SEM的效果，整个过程分为下载关键词报告、制作四象限分析图、调整策略3个步骤。

1. 下载关键词报告

在SEM广告推广平台的后台下载关键词报告，将实际的转化数据和关键词报告中的关键词一一对应，得到关键词转换表，如表10-3所示。

表10-3 关键词转换表

序号	关键词	平均点击价格/元	点击量/次	咨询量/人	总费用/元
1	十大房地产公司	3.12	16	11	37.44
2	成都房地产公司	8.32	33	12	274.56
3	二手房公司	2.00	37	18	74
4	房地产公司	1.99	28	13	55.72
5	房产中介公司	1.14	25	4	28.5
6	地产公司	6.54	12	7	78.48
7	四川房地产公司	1.13	8	5	9.04
8	旅游地产公司	2.90	4	1	11.6
9	房产投资	6.83	30	14	204.9
10	地产中介公司	1.72	13	12	22.36
11	二手房	7.25	30	11	217.5
12	二手房出售信息	1.33	40	20	53.2
13	新手买房攻略	3.78	38	19	143.64
14	买房在线咨询	5.86	35	4	205.1
15	买房子平台	9.56	22	7	210.32
16	买房官网	2.28	18	15	41.04
17	楼盘预约	1.45	14	1	20.3
18	找房子	4.72	22	1	94.4
19	租房	0.87	22	12	19.14
20	买房子	1.32	13	2	17.16
21	房屋买卖中介	2.12	30	18	63.60
22	房屋估价	5.32	25	17	133.00
23	房屋买卖流程	1.25	38	16	47.50

续表

序号	关键词	平均点击价格/元	点击量/次	咨询量/人	总费用/元
24	房屋买卖费用	1.88	36	6	67.68
25	房地产开发商	2.14	30	2	64.20
26	住宅销售	3.54	38	1	134.52
27	商业地产投资	2.13	15	5	31.95
28	土地开发项目	2.19	10	3	21.90
29	物业管理	3.83	17	16	65.11
30	公寓出租	0.72	15	13	10.80

2. 制作四象限分析图

通过关键词转换表中的数据制作四象限分析图。

微课视频：制作四象限分析图

步骤01▶ 将关键词转换表中的"关键词""点击量/次""咨询量/人"3列数据复制到Excel中，然后选择B2:C31单元格区域，如图10-28所示。

步骤02▶ 单击【插入】/【图表】/【推荐的图表】，打开"插入图表"对话框，在其中选择"散点图"，单击 确定 按钮，如图10-29所示。

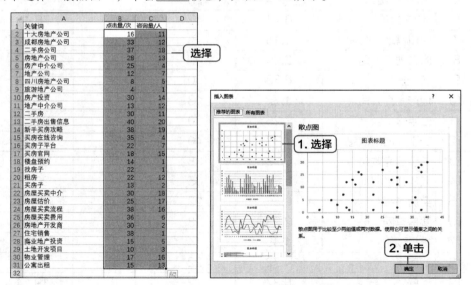

图10-28 选择B2:C31单元格区域　　　　图10-29 选择"散点图"

步骤03▶ 将图表标题修改为"关键词四象限分析图"，然后单击"图表元素"按钮⊞，在打开的面板中选中"数据标签"复选框，取消选中"网格线"复选框，如图10-30所示。

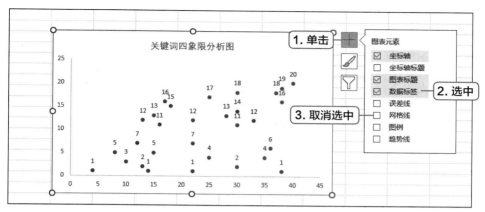

图10-30 隐藏网格线并显示数据标签

步骤 04 ▶选择数据标签并单击鼠标右键,在弹出的快捷菜单中选择"设置数据标签格式"命令,打开"设置数据标签格式"窗格,取消选中"Y值"复选框,选中"单元格中的值"复选框,打开"数据标签区域"对话框,拖曳鼠标选择A2:A31单元格区域,然后单击 **确定** 按钮,如图10-31所示。

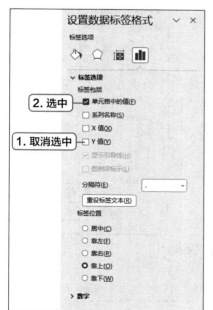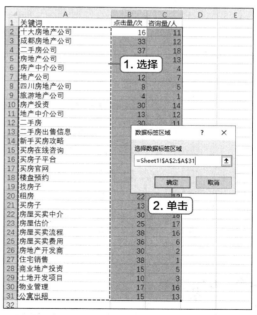

图10-31 设置数据标签格式

步骤 05 ▶选择横坐标轴,在"设置坐标轴格式"窗格中设置"边界"的"最大值"为"40.0","纵坐标轴"交叉的"坐标轴值"为"20",如图10-32所示。

步骤 06 ▶选择纵坐标轴,在"设置坐标轴格式"窗格中设置"边界"的"最大值"为"20.0","横坐标轴交叉"的"坐标轴值"为"10",如图10-33所示。

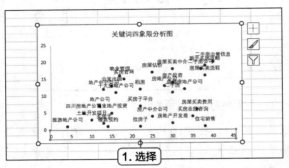

图10-32　设置横坐标轴格式

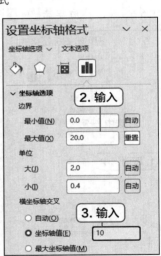

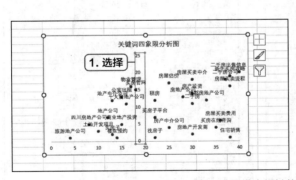

图10-33　设置纵坐标轴格式

专家指导

坐标轴的最大值应设置为比最大数值稍大的10的倍数，坐标轴交叉的值应设置为最大值的一半。

步骤07 将图表的高度和宽度分别设置为"15厘米"和"20厘米"，放大图表使数据标签彼此分开，然后通过鼠标拖曳的方式调整重叠的数据标签的位置，使其不要重叠，完成后的关键词四象限分析图如图10-34所示。

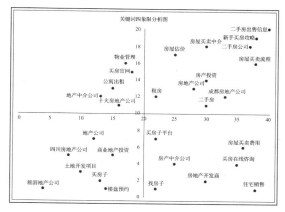

图10-34　关键词四象限分析图

3．调整策略

通过关键词四象限分析图，绿洲地产可以根据关键词所处的象限将关键词分为"高点击高转化""低点击高转化""低点击低转化""高点击低转化"4类，如图10-35所示。下面分别针对这4类关键词做策略调整。

（1）高点击高转化。

高点击高转化的关键词可以带来显著收益，因此，需要继续扩大投放量，以发挥其更大的价值。鉴于当前移动互联网用户已超过PC端，可以通过提高广告在移动端的展现量来扩大这类关键

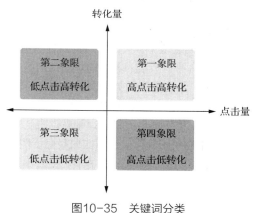

图10-35　关键词分类

词的影响范围。查询关键词在PC端和移动端的广告费用消耗占比，若移动端消耗占比低于账户整体移动端消耗占比，则应适当提高该关键词所在计划的移动端投放比例系数，使广告投放偏向移动端，从而进一步增加广告的展示机会。

（2）低点击高转化。

针对低点击高转化的关键词，关键在于提高点击量，使其靠近第一象限。查询这些关键词的平均排名后，对于排名高于或等于第3名的关键词，可以提高其出价，以增加相应广告的展现机会，提高排名，进而获得更多的点击量。

（3）低点击低转化。

低点击低转化的关键词可能是因为排名不佳或创意不足导致点击量较少。对于排名不佳的关键词，可以提高其出价；对于创意不足的关键词，可以优化创意，以提升这些关键词对应广告的展示机会和点击量。

（4）高点击低转化。

高点击低转化的关键词耗费大量广告费用，却未带来理想收益。这类关键词点击量

高，表明用户对关键词感兴趣，但低转化暗示用户对广告内容并不认可。这可能是因为关键词与广告内容相关度过低，或者着陆页的用户友好度较差。针对关键词相关度过低的情况，可以降低关键词出价或直接放弃该关键词以减少成本；针对着陆页用户友好度较低的情况，应优化着陆页，提升用户体验，留住用户，从而提高转化量。

 职业素养

为了成功地实现SEM，企业SEO人员需要具备系统性思考的能力，能够主动发现问题并找到解决方案。同时，还需要拥有耐心和勇气，注重策略和实操，不断尝试和改进，为企业占得市场竞争的先机。

课后练习

一、选择题

1. 下列选项中，关于关键词所处象限的说法错误的是（　　　）。
   A. 第一象限的关键词是高点击高转化的关键词
   B. 第二象限的关键词是低点击高转化的关键词
   C. 第三象限的关键词是低点击高转化的关键词
   D. 第四象限的关键词是高点击低转化的关键词
2. 下面关于制作关键词四象限分析图说法错误的是（　　　）。
   A. 横坐标和纵坐标的最大值需设置成相同的值
   B. 坐标轴的最大值应设置为比最大数值稍大的10的倍数
   C. 坐标轴交叉的值应设置为最大值的一半
   D. 可以使用散点图来制作四象限分析图

二、判断题

1. 对于高点击低转化的关键词只能降低关键词出价或直接放弃。　　　　　　（　　　）
2. 高点击高转化的关键词可以带来显著收益，因此需要继续扩大投放量，以发挥其更大的价值。　　　　　　　　　　　　　　　　　　　　　　　（　　　）

三、简答题

1. 简述网站SEO的完整过程。
2. 如何通过四象限分析图调整关键词优化策略？

四、操作题

1. 在网上搜索几个SEO实例进行学习。
2. 在网上搜索几个SEM实例进行学习。
3. 对自己的网站进行SEO。
4. 对自己的网站进行SEM。